Adam Kadmon

MIEKE MOSMULLER

ADAM KADMON

OCCIDENT VERLAG

ISBN 978-3-946699-01-9

Internet: www.occidentverlag.de
E-Mail: info@occidentverlag.de
Grafische Gestaltung: Carina van den Bergh
Umschlagabbildung: Adam Kadmon, Hildegard von Bingen, 1098-1179

INHALT

VORWORT

Zu Pfingsten 2015 fand im Berner Oberland ein viertägiges Seminar statt mit dem Thema: Das reine Denken und der Auferstehungsleib. Einerseits wurde in diesen vier Tagen eine Vertiefung des reinen Denkens erstrebt; andererseits wurde versucht, mit diesem vertieften reinen Denken, das sich mit der fragenden Haltung, der Verwunderung und der Ehrfurcht erfüllt, die Schöpfung der Erde zu denken und zu erleben. So gestaltete sich allmählich die gesuchte Verbindung zwischen dem reinen Denken und dem Auferstehungsleib. Adam Kadmon, als Mensch, der mit der geschaffenen Erde eins war, erschien als große Gestalt, die durch Christus auferstanden ist: Der Auferstehungsleib, der in dem reinen Denken seinen Keim findet.

Adam Kadmon bedeutet 'Ursprünglicher Mensch', 'Kosmischer Mensch'; Philo von Alexandria deutet ihn auf Griechisch an mit οὐράνιος ἄνθρωπος, uranios anthropos, 'Himmlischer Mensch'.

Adam Kadmon ist der ursprüngliche Adam, vor der Erbsünde, der als Urbild des Menschen verstanden wird und der 'Gott von Angesicht zu Angesicht schaut'... Der irdische Mensch ist sein Abbild, er ist Adam nach der Erbsünde. Der irdische Mensch hat die wesentlichen Qualitäten Weisheit, Herrlichkeit und Unsterblichkeit verloren.

ERSTE STUNDE

Wenn wir das reine Denken entwickeln wollen, ist das nicht nur eine Technik, wo man nur einige Regeln zu befolgen hat und dann einfach dazu kommt. Wir müssen weite Wege wandern, um einen Eindruck zu bekommen, was das nun eigentlich ist, dieses reine Denken. Und dadurch, dass wir diese Wege wandern, entwickeln wir es auch.

Für mich war es etwas Unbekanntes, als ich Rudolf Steiners Anthroposophie kennenlernte und da diese zwei Worte las, immer wieder und wieder: *Reines Denken.* Da hat es eine Weile gedauert, bevor ich wirklich durchschauen konnte, was er damit eigentlich meint.

Es ist natürlich ein philosophischer Terminus, man spricht in der Philosophie darüber. Wir kennen das große dicke Buch – ich kannte es nicht, aber als Philosoph kennt man es –, das große dicke Buch von Kant, „Kritik der reinen Vernunft". Das muss so etwas sein, reine Vernunft, das wird wohl mit reinem Denken etwas zu tun haben. Und bei Rudolf Steiner kann man lesen, dass in der damaligen Philosophie die meisten Denker überhaupt nicht anerkannten, dass der Mensch ein reines Denken hat oder haben kann. Da liegt also schon unmittelbar ein Problem: dass, wenn man in der gewöhnlichen Philosophie studiert, reines Denken als ein alter Glaube betrachtet wird, und der moderne Mensch, der ist aufgeklärt und weiß, dass es so etwas nicht gibt und auch nicht geben kann.

Das hat sich dann in der Philosophie nach Rudolf Steiner noch verstärkt. Durch gewisse Ereignisse in meinem Leben bin ich mit Jürgen Habermas – ja, nicht persönlich, aber mit seinen Schriften – in Berührung gekommen und habe bei ihm den Gedanken kennen gelernt, dass es einmal, in der griechischen Zeit und auch noch später, eine ‚prima philosophia' gegeben hat und dass in dieser *prima philosophia* der Mensch wirklich an das Denken geglaubt hat. Da war ein Vertrauen da, dass man mit dem Denken auch wirklich in Sicherheit Erkenntnisse haben kann. Und das ist dann im 20. Jahrhundert zur Vergangenheit erklärt worden, da hat man endgültig damit gebrochen, dieser Faden ist abgerissen, der Faden des Glaubens an das Denken. Wenn man also heute noch glaubt, dass es ein Denken gibt, das ein Wahrheitsgewebe ist, das in sich selbst die Wahrheit kennt und hat – ja, dann ist man nicht nur altmodisch, sondern eigentlich ein bisschen verrückt.

Das ist in der großen Welt so. Und als ich mich damals mit Habermas auseinandersetzen wollte und dann auch einen Professor der Philosophie besucht habe, um darüber zu sprechen, wie man das vielleicht in einer Schrift, einer Doktorarbeit, mit dem ethischen Individualismus Rudolf Steiners vergleichen könnte – und dieser fußt natürlich ganz und gar auf der *prima philosophia*, auf dem Glauben, das ein Wissen wird, dass das Denken etwas ist, dem man vertrauen kann –, da hat dieser Professor mir versichert, dass sich, wenn man in der akademischen Welt den Namen Rudolf Steiners bringt, alle Türen schließen. Nicht nur, weil er noch mit dem reinen Denken arbeitet, sondern natürlich auch wegen anderer Dinge.

Also, wir sind hier versammelt, ihr habt einen Enthusiasmus für die Entwicklung des reinen Denkens, sonst wärt ihr nicht hier. Aber wir bilden damit eine Art Keim des Menschen, wir wollen etwas entwickeln, was in der großen wissenschaftlichen Welt inzwischen gar keine Gültigkeit mehr hat. Das ist doch immer wichtig, sich dessen wiederum bewusst zu sein.

Und es ist in der Anthroposophie natürlich überhaupt nicht so, dass wir etwas aus der Vergangenheit Stammendes nur weiterführen wollen, dass wir also rückwärts schauen und nicht weiter wollen. Wir wissen natürlich, dass durch einen vollständigen Tod des Denkens letztendlich eine Auferstehung kommen wird und dass die erste Morgenröte dieser Auferstehung das reine Denken und dieser Glaube an die Wahrheitswirklichkeit des reinen Denkens ist.

Das wissen wir. Aber zugleich müssen wir uns auch dessen wirklich gut bewusst sein, dass es eine unpopuläre Tätigkeit ist, die wir hier üben, dass wir also etwas tun, was im gewöhnlichen Leben, auch wissenschaftlichen Leben, nicht gesehen wird – und sogar auch in der anthroposophischen Gemeinschaft immer weniger gesehen wird. Da gibt es vor allem ein Streben, sich mit den heutigen wissenschaftlichen

Strömungen und auch spirituellen Strömungen anzufreunden, sich darin zuhause zu fühlen. Und das kann man eigentlich nicht. Man müsste eigentlich sehr stark den *eigenen* Standpunkt wählen und sich dann auf *diesen* stellen und diesem Standpunkt auch mit aller Kraft die Treue halten, wenn man ihn einmal durch Einsicht gefunden hat.

Das sind etwas melancholische Gedanken darüber, was wir zu tun haben.

Als ich selbst mit dem reinen Denken bekannt wurde, und als ich dann einmal wirklich verstanden hatte, was das ist, dieses reine Denken, ist allmählich auch eine Entwicklung in diese Richtung in Gang gekommen. Nicht so sehr, weil ich das gesucht habe, sondern weil es einfach so gegangen ist, indem ich mich immer wieder angestrengt habe, ein Denken zu entwickeln, das sich nicht bloß an die wahrgenommene Welt klammert und an ihr haftet, sondern das ich durch eigene Initiation, durch eigene Tätigkeit entfalte. Da ist dann allmählich dieses reine Denken, das natürlich jeder Mensch auch hat, das aber nicht bewusst ist, bewusst geworden und in Erscheinung getreten. Und als das dann immer stärker geworden ist, wurde es allmählich deutlich, dass dieses reine Denken nicht nur ein Scheingebilde ist.

Wir kennen das Denken im gewöhnlichen Dasein eigentlich nur als Scheingebilde. Wir alle haben ein Gedankenleben, und wenn wir zu lernen oder zu studieren beginnen, wird dieses Gedankenleben von Willen durchsetzt, dann muss man sich anstrengen – aber es bleibt eine Scheinwelt.

Das ist eigentlich die erste Erkenntnis über das Denken, die man haben muss: dass das Denken nicht eine Realität ist, sondern dass wir es als Schein erleben. Und wenn man im gewöhnlichen Leben steht – auch wenn man Student ist und später vielleicht Wissenschaftler wird –, ist man sich dessen natürlich gar nicht bewusst; man arbeitet mit dem Denken und hat gar keine Ahnung davon, was dies im ganzen Menschsein eigentlich für eine Bedeutung hat.

Durch die Geisteswissenschaft Rudolf Steiners kommt erst zu Bewusstsein, dass, wenn man den *Willen* einsetzt und etwas tut – etwa durch Handarbeit, oder man macht Musik, was auch eine Art von Handarbeit ist, oder man tut Dinge aus Liebe zum Mitmenschen, oder man hat seinen tätigen Beruf, was auch immer, wodurch man handelt –, dass das ein konkretes Etwas ist; da hat man es mit konkreten Erscheinungen zu tun, da tut man wirklich etwas.

Wenn man *erlebt*, also Gefühle hat, tut man schon viel weniger und hat man viel mehr den Eindruck, dass das etwas ist, was für einen selbst wichtig ist und nicht so sehr für die Welt – aber es ist doch noch ziemlich massiv, dieses Gefühlsleben. Es kann unser tägliches Leben schön machen und auch trist, düster oder schwer machen; unser Gefühlsleben ist natürlich sehr prominent da.

Aber das *Denken* ist eine flüchtige Sache. Unsere gewöhnliche Gedankenwelt verflüchtigt sich sowieso. Da folgt der eine Gedanke dem anderen, da ist eine Folge von Gedanken, und, ja, wenn sie dann gedacht sind, sind sie wieder weg, lassen höchstens noch etwas von Gefühlen oder Wünschen zurück. Vielleicht bestimmen sie auch unsere Handlungen, da werden sie dann konkret, aber das Denken *selbst* ist nicht eine Wirklichkeit.

Und als ich dann dazu kam, dieses *reine Denken* in das Bewusstsein hineinzubekommen, fand ich ein ganz *anderes* Denken als dieses Scheingebilde, das wir Denken nennen. Darauf kommt es eigentlich an, dass das reine Denken kein Scheingebilde mehr ist, dass es nicht flüchtig ist, dass es eine Seinsqualität hat.

Mir kam dann in der Erinnerung ein Bild. Ich bin in Amsterdam geboren, und da gibt es Straßen, die Ende des 19. Jahrhunderts, denke ich, gebaut wurden. Da stehen schöne Häuser, und wenn man in diese hineingeht, sind sie eigentlich so gebaut, dass es da immer ein ganz großes Zimmer gibt, von vorne bis hinten. Sie haben also an der Vorderseite und an der Hinterseite Fenster, es ist ein ganz großes Zimmer, und das ist durch Schiebetüren geteilt; und da stehen dann Bücherschränke oder vielleicht auch Schränke für Geschirr und so etwas. Diese Häuser werden oft von Gelehrten und Künstlern bewohnt, und die haben dann diese Bücherschränke, mit Büchern oder Noten und so weiter darin, und da sind diese Schiebetüren; es ist eine Art Suite, Zimmer en-suite. Das hat eine bestimmte Ausstrahlung. An der

Decke, am Plafond, gibt es immer Ornamente – das kennt ihr sicher auch –, Stuck. Das kann sehr reich gearbeitet sein, es kann auch etwas einfacher sein, aber das gehört dazu. – Und mir kam als Bild, dass das eigentlich die Gefahr ist: dass die moderne Geisteswissenschaft nur Ornament am Plafond bleibt; dass man da oben schöne Gebilde hat, die man angucken kann, und dann das Gefühl hat, das ist nicht ganz flach, da ist wirklich etwas – aber es hat keine andere Bedeutung als eine Art Schmuck im Leben, und es wird nie eine Wirklichkeit.

Das reine Denken ist eine Wirklichkeit.

Aber das bedeutet schon etwas. Man kann dann nicht sagen: Nun haben wir ein schönes Wahrheitsgewebe, da können wir ab und zu hinein, und da können wir genießen, dass es Wahrheit gibt; und da können wir auch wieder heraus und in das gewöhnliche Leben hinein und dann einfach vergessen, dass es so etwas Schönes gibt. Wir kommen einfach wieder in unsere gewöhnlichen Begierden, in das gewöhnliche Menschsein hinein. Das sind zwei Welten – eine schöne Wahrheitswelt und eine Triebwelt, in der wir dann auch unser Gedankenleben wiederum einfach so gehen lassen, wie es immer geht, und damit unsere persönlichen Gefühle und Wünsche so drauflos denken lassen ... und dann immer wieder zurück zur Geisteswissenschaft gehen, wo wir schöne Dinge aufnehmen. Es wird immer schöner da, aber im Leben bedeutet es eigentlich wenig.

Das geht mit dem reinen Denken nicht. Ich meine: Man entwickelt das reine Denken nicht, wenn man die Geisteswissenschaft, die Spiritualität so behandelt. Da kann man natürlich schon zu einem sinnlichkeitsfreien Denken kommen – was dann oft die Definition des reinen Denkens ist: dass es ein Denken ist, das nicht mit den Sinnen zusammenhängt. Aber dieses sinnlichkeitsfreie Denken ist noch lange nicht dieses *reine Denken*, das eine *Wirklichkeit* ist.

In den ersten Büchern Rudolf Steiners, zum Beispiel in „Grundlinien einer Erkenntnistheorie der Goetheschen Weltanschauung", stehen solche Perlen, wo er über diese Wahrheitsqualität des Denkens spricht. Da hat er sehr deutlich die Wahrnehmungswelt, die sinnliche und auch die innerliche Wahrnehmungswelt, von der Denkwelt unterschieden. Die Denkwelt ist ein Gebilde, dass, wenn es sich aus der Sinnlichkeit losgelöst hat – auch aus der körperlichen Sinnlichkeit, also nicht nur aus der sinnlichen Wahrnehmung, sondern auch aus aller Triebhaftigkeit der eigenen Natur –, ein in sich ruhendes, geschlossenes, harmonisches, in allem miteinander verbundenes Einheitliches ist. Da ist die Harmonie vollkommen.

Wenn es wirklich bewusstes reines Denken werden soll, dann muss das, was wir in einem abgesonderten sinnlichkeitsfreien, reinen Denken haben, eine Art realen Abbilds unseres Zusammenlebens werden. Stellen wir uns vor, dass dieses Wahrheitsgebilde, dieses Wahrheitsdenken, lebendig aus Begriffen, aus Logik, aus lebendiger Logik gebildet ist, dass da alles miteinander in Harmonie ist. Dann kann man sich vorstellen, dass man mit diesem Denken auf Erden, wenn man dann wieder in der gewöhnlichen sozialen Welt ist, da nicht etwas anderes suchen wird als auch wiederum diese Harmonie.

Wenn man eigentlich ein streitsüchtiger Mensch ist, kann man dieses reine Denken nicht entwickeln, denn das hängt miteinander zusammen: Harmonie im Innern, Harmonie in der sozialen Gemeinschaft. Ist man ein streitsüchtiger Mensch, dann will man, dass die Begriffe auch streiten; da ist man ein Diskussionsliebhaber, da müssen die Begriffe miteinander Streit führen, kämpfen. Das kann nie ein reines Denken sein, denn in dem reinen Denken ist dieses Kampfgebiet faktisch überwunden, überstiegen. Und wenn man einmal in diesem Gebiet denken kann, kehrt man immer wieder mit der Sehnsucht zurück, diese Harmonie, die man zum Beispiel auch in der kosmischen Harmonie vernimmt, auch hier auf Erden hineinzubringen – oder wenigstens nicht zu stören.

Das ist natürlich etwas, was sich dann als etwas Unmögliches erweist. Man kann nicht hier auf Erden sein und alles in Frieden und Harmonie haben. Aber es ist noch etwas anderes, ob man den Streit liebt und sucht, oder ob man eigentlich die Harmonie liebt und sucht. Ob man auf Erden dem einen oder dem anderen nachstrebt.

Das ist eine wichtige Bewusstwerdung, wie das reine, in sich geschlossene, ruhende Wahrheitsdenken mit der irdischen Welt zusammenhängt. Aber das geht dann immer weiter. In dem Maße, wie man dieses Denken weiter kennen lernt und es selbst immer realer wird, wirklicher wird, wird auch immer deutlicher, dass es etwas hat, was auch die Gesetzmäßigkeiten des Körpers in sich trägt. Dieses reine Denken ist nicht ein geistiges Gebilde, das mit der Erde wenig oder nichts zu tun hat, weil es sich aus der Sinnlichkeit losgelöst hat. Man könnte denken, es sei etwas, was eigentlich etwas Himmlisches ist und mit dem Irdischen nicht viel zu tun hat. Aber es erweist sich, dass es nicht nur etwas damit zu tun hat, sondern dass das Eine ohne das Andere gar nicht sein kann. Und es wird allmählich deutlich, dass das reine Denken, nachdem es sich weiter und weiter entwickelt hat und spezifisch wird, auch *der Gedankenleib des physischen Körpers ist.* Es ist also nicht nur ein aus der Sinnlichkeit losgelöstes Denken, sondern es ist etwas an sich, eine Welt an sich, es ist Form-Leib.

Das werden wir dann hoffentlich in den kommenden Tagen auch in das Erleben hineinbringen können: dass wir, wenn wir ein reines Denken entwickeln, etwas tun, was in der ganzen kosmischen Entwicklung darinnen steht, zu ihr dazugehört; dass es also nicht eine Liebhaberei einiger Weniger ist, sondern dass es wirklich notwendig ist, dass es entwickelt wird, dass es bewusst wird. Dann wird das, was man leicht sagen kann – nämlich, dass der Makrokosmos im Mikrokosmos seine Entsprechung hat –, eine Wirklichkeit für einen werden. Man wird wirklich erleben können, dass dasjenige, was wir als reines Denken entwickeln können, eine Art Vermittler ist zwischen der Gesetzmäßigkeit, die eine Realität im Kosmos, im Makrokosmos ist, und jener Gesetzmäßigkeit, die eine Realität im Mikrokosmos, im menschlichen Leib ist.

Auf dem Weg zu diesen entwickelten Einsichten liegen die karmischen Ereignisse, das Schicksal.

Man ist ein Mensch, der sich im Denken entwickelt, man entdeckt, dass dieses Denken in unserer Zeit wirklich abstrakt ist, also aus der dichten Realität in eine Flüchtigkeit hineingekommen ist. Und man entdeckt, dass, wenn man diese Flüchtigkeit überwinden möchte, so dass dieses Denken nicht mehr Schein bleibt, sondern wirkliches *Sein* wird – dass es nicht anders kann, als dass man auch mit seinem Schicksal ganz anders umgeht als bisher. Die meisten Menschen widersetzen sich dem Schicksal; es ist eine natürliche Anlage, dass man die schwierigen Ereignisse in seinem Leben eigentlich nicht haben will. Und, ja, die meisten Menschen, die eine geistige Entwicklung suchen, wissen auch schon, dass das nicht produktiv ist, dass man das eigentlich nicht so erleben soll, dass man sein Schicksal doch tragen muss; dass es nicht hilft, wenn man sich dem widersetzt, wenn man böse auf alles wird, was einem angetan wird, und dann gegen dieses Schicksal kämpft – was man eigentlich selbst ist, wogegen man dann kämpft.

Es muss, wenn man zu einem buchstäblichen Realisieren des reinen Denkens kommen will, in dem *Verhalten zu seinem Schicksal* noch eine Steigerung auftreten. Denn da genügt es nicht, dass man es einfach trägt; da muss man so weit kommen, dass man es *umkehren will.* Man kann natürlich nicht alles umkehren. Aber es ist doch ein großer Unterschied, ob man Schicksalsschläge nur trägt, in Gelassenheit – das ist schon etwas –, oder ob man sich bewusst ist, dass man das Schicksal wirklich *selbst ist*, und dann einen Impuls in sich trägt, etwas in diesem Schicksal zu tun, was so stark ist, dass man dadurch dasjenige, was durch das Schicksal eigentlich entwickelt werden soll, *selbst* entwickelt.

Wir haben ein Schicksal, weil wir weniger vollkommen geworden sind durch bestimmte Taten und Gedanken und Gefühle in vorherigen Inkarnationen. Dadurch sind wir weniger vollkommen, als wir es gewesen wären, wenn wir diese Taten usw. nicht vollbracht hätten. Nun sind wir in dieser Inkarnation, und da kommen diese Schicksalsereignisse, und sie haben die Wirkung, dass diese Unvollkommenheit wieder in eine größere Vollkommenheit umgebildet wird. Aber das kann man auch *selbst wollen*; man kann auch einsehen, um welche Unvollkommenheiten es eigentlich geht, und dann diese Einsicht in sich wachrufen und sich sagen: Ich will diese Unvollkommenheiten selbst umformen. Nicht, weil ich dann jenes Schicksal nicht bekomme – denn das soll natürlich nicht sein, dass man das tut, weil man das Schicksal nicht haben will –, sondern es geht darum, dass ich mit aller Kraft, die ich besitze, mein Schicksal selbst will.

Man muss dann das Schicksal eigentlich selbst auf sich nehmen, selbst Entscheidungen treffen; und dann hat man dennoch die Schwere, aber es ist eine andere Art von Schwere, weil man das selbst entschieden hat. Und das hängt mit der Entwicklung des reinen Denkens unmittelbar zusammen. Man kann also nicht hoffen, dass das eine technische Angelegenheit ist, diese Entwicklung des reinen Denkens. Es wird auch ‚Denktechnik' genannt, und da hat man den Eindruck, man könne sich einfach in sein Studierzimmer zurückziehen und da studieren, ein Denken entwickeln, und je mehr Ruhe man hat, desto besser geht das: ‚Lass mich bitte in Ruhe, damit ich die Denktechnik so gut wie möglich entwickeln kann.' Man wird sie *nie* entwickeln, das geht nicht, denn dieses reine Denken ist etwas, was im Schicksal, im Leben selbst darinnen sein soll.

Obwohl es nun ein sinnlichkeitsfreies, aus der Sinnlichkeit losgelöstes Denken ist, ist es doch noch immer Schein und wird es kein *Sein*, solange man nicht einsieht – aber das ist dann auch eine Realität, nicht eine gewöhnliche Einsicht, sondern ein Lebensereignis –: Dieses reine Denken kann nur *eine Realität* werden, wenn ich auch sehe, dass es mit der Realität zusammenhängt. Und das ist dann die *moralische Intuition*. Also einerseits befreit sich das Denken aus den sinnlichen Zusammenhängen, andererseits aber wird es ein *Realitätsgebilde*, das auch in das soziale Zusammensein befruchtend hineinwirkt, weil es mit der Realität verbunden ist.

Rudolf Steiner hat einige Beispiele reiner Denker gegeben, die nicht dazu gekommen sind, dass das Denken Realität geworden ist. Er gibt diese Beispiele in der Zeit des Ersten Weltkrieges. Er selbst ist da bereits mitten in der Entwicklung der sozialen Dreigliederung und beschreibt dann die zwei großen Idealisten, *Fichte und Hegel* – und beschreibt für beide, wie sie ein reines Denken entwickelt haben, aber ein Denken, das rein ist, weil es sich aus der Sinnlichkeit befreit hat, das aber Schein geblieben ist. Und dadurch, dass es nicht eine Wirklichkeit geworden ist, sind dann die Ideen über das Zusammenleben der Menschen falsch, weil dieses reine Denken so abstrakt geworden ist, dass es nicht mit der Wirklichkeit des sozialen Zusammenlebens eins ist. Ich habe diese Zitate in das Buch ‚Rudolf Steiner. Eine spirituelle Biographie' aufgenommen. Da kann man erleben, was das ist, dass der Mensch ein reines Denken haben kann, das nicht Realität ist, also ein sinnlichkeitsfreies geistiges Denken, das aber abstrakt geblieben ist und nicht den Weg zurück findet, in die irdischen Verhältnisse hinein. Dann bleibt es Schein-Idealismus.

Also das kann für den Menschen etwas sehr konkret Lebendiges, aber auch Schicksalhaftes werden, dieses reine Denken; und dann ist es so ‚verdichtet', könnte man sagen, dass man sich dann erst vorstellen kann, dass es etwas mit dem menschlichen Leib zu tun hat. Und dann wird allmählich diese Vorstellung auch eine Art von Wirklichkeit, eine Offenbarung, dass das reale reine Denken mit dem realen menschlichen Leib eine Entsprechung hat.

Ich habe Anfang der 90er Jahre meine Erfahrungen mit diesem lebendig gewordenen, realen reinen Denken in ‚Suche das Licht...' aufgeschrieben. Es scheint eine Art philosophischer Auseinandersetzung zu sein, so habe ich es auch geschrieben. In Wirklichkeit aber liegt unter dieser Philosophie dasjenige, was ich jetzt ausgesprochen habe, nämlich eine Entwicklung zu einem realen Denken, das zu einer Art Anfang zurückführt. So habe ich das Buch dann auch begonnen: Dass wir versuchen, uns in uns selbst in einen innerlichen Zustand zu bringen, wo all dasjenige, was wir im Leben sind, abgelegt wird, und wir dann ein Denken finden können, das von diesen gewöhnlichen Lebensereignissen befreit ist, auch von den Sinneseindrücken befreit ist; ein Denken, das sich noch nicht betätigt, und wo dann eine gewisse Stimmung entwickelt werden muss, um dieses Denken so in Gang zu bringen, dass man unmittelbar in diesem reinen, realen Denken darinnen sein kann. Also ich habe versucht, den Anfang zu finden.

Wir werden das nach der Pause versuchen zu tun. Denn wir müssen soweit kommen können, dass wir, wenn wir denken – natürlich wenn wir die Sehnsucht haben, dieses reine, lebendige, wirkliche Denken zu entwickeln –, einen Standpunkt für dieses Denken finden, der ein ganz anderer ist als der, den wir im gewöhnlichen Denkleben haben. Man könnte sagen, das ist eigentlich eine Art von Katharsis, die man durchmacht, wenn man seinen ganzen ‚Rucksack' ablegt und ganz frei wird in diesem Denkgebiet. Aber es ist nicht eine philosophische Liebhaberei, es ist ein Umarbeiten der menschlichen Seele, was wir dann tun. Und ich habe schon öfters hier gesagt, dass es im Internet auf YouTube Möglichkeiten gibt, in acht Minuten die ‚Einweihung' zu finden.

Jos: Ken Wilber.

Hier haben wir acht Tageshälften. Wir haben natürlich nicht die Vorstellung, dass wir in acht Tageshälften die Katharsis herbeiführen könnten. Aber was wir können, ist, zu fühlen, zu erleben, wie weit der Mensch eigentlich gehen muss, um zu diesem realen, reinen Denken zu kommen. Was für ein Glück das auch bringt – das ist die nicht-melancholische Seite. Wir können natürlich viele Schwierigkeiten damit haben, aber man kann sich auch darauf einstellen, was für ein Glück das bringt. Und dieses Glück hat wirklich mit der Auferstehung zu tun. Man kann sich vorstellen, dass man auch Mensch sein könnte, ebensosehr verbunden mit sich selbst, wie man es jetzt ist, aber dann so, dass man die Kraft hat, in allen Lebenssituationen die Auferstehung zu haben – auch wenn sie noch so schwer sind, diese Lebenssituationen –, weil man den Impuls in sich bekommen hat, alles, was im Leben geschieht, in ein Positives umzuwenden, es auf jeden Fall zu versuchen. Eine Freude ist das, nicht leidvoll tragen zu müssen und sich selbst zu bedauern – denn das ist auch so eine Liebhaberei der Menschen, dass sie sich so gern bedauern –, sondern das Umgekehrte zu tun, also eine Freude daran zu haben, dass wir eine Kraft der Auferstehung besitzen. Und diese fängt nicht im Körper an, sie fängt im Geist an.

Das ist dann eigentlich Pfingsten, und das werden wir Sonntag, zu Pfingsten, versuchen, so stark wie möglich zu erleben. Die körperliche Auferstehung liegt in gewissem Sinne am Ende des Weges, aber diese Freude, die Lebensschwierigkeiten aktiv aufzugreifen und umzuformen, das ist *Auferstehungskraft.* Und diese erhebt uns über Zeit und Raum.

In den fünf vorangegangenen Seminaren habe ich Wege um das reine Denken herum gesucht. Und jetzt kam sehr stark der Impuls, nicht mehr darum herum zu gehen, sondern wirklich *hinein* zu gehen. Und das führt dazu, dass es eine ziemlich ernste Sache wird, es geht ganz in den Kern hinein.

Als Philosophie habe ich den Anfang gesucht, und später wurde mir klar, dass das ganz in Übereinstimmung mit demjenigen ist, was man findet, wenn man sich bis in den Anfang der Schöpfung der Erde zurückfühlt oder -erlebt. Rudolf Steiner hat Vorträge über die biblische Schöpfungsgeschichte gehalten, und wenn man in diese hineingeht – das werden wir dann in den kommenden Tagen auch tun –, in das Schaffen der Erde, aber eigentlich des Menschen, wenn man sich da hineinlebt, dann finden wir das in der Gestaltung des Denkens, wenn es real wird, wieder. Wenn man dieses reine Denken als eine Wirklichkeit sucht, so, dass wir in uns selbst zurückgehen zu einem Punkt, wo alles, was in unserem Leben dazugekommen ist, noch nicht da war, dann haben wir eine Entsprechung zum menschlichen Leib, aber auch zur biblischen Schöpfungsgeschichte.

Und das sind erschütternde Entdeckungen – wenn man entdeckt, dass dasjenige, was man ursprünglich als Intellekt kennt, sich immer mehr als eine Intelligenz offenbart, die zu einem organischen Wahrheitsgebilde wird, das eine kosmische Wirklichkeit ist, und dass man da die Formkräfte des menschlichen Leibes findet, aber dann auch noch die realen Schöpfungskräfte der Erde und des Menschen. Das liegt alles in dem realen reinen Denken verborgen. Und da wird jener Anfangssatz der Leitsätze Rudolf Steiners ungeheuer konkret, wo er sagt, dass Anthroposophie uns dazu bringen möchte, dass wir den eigenen Geist erkennen und dass wir dadurch auch den großen Geist, den Geist des Weltalls, kennenlernen. Also das liegt als Keimhaftes in dem reinen Denken darin.

Dann machen wir zuerst eine Pause und gehen dann nach der Pause auf den Weg der Pilger...

ZWEITE STUNDE

Gelesen wurde der folgende Text aus Rudolf Steiners Schrift ‚Wie erlangt man Erkenntnisse der höheren Welten?', der erste Abschnitt aus dem Nachwort:[1]

‚Der Weg zu übersinnlicher Erkenntnis, der in dieser Schrift gekennzeichnet wird, führt zu einem seelischen Erleben, demgegenüber es von ganz besonderer Wichtigkeit ist, daß, wer es anstrebt, sich keinen Täuschungen und Mißverständnissen über dasselbe hingibt, und es liegt dem Menschen nahe, sich über dasjenige zu täuschen, was hier in Betracht kommt. Eine der Täuschungen, die besonders schwerwiegende, entsteht, wenn man das ganze Gebiet des Seelenerlebens, von dem in wahrer Geisteswissenschaft die Rede ist, so verschiebt, daß es in der Umgebung des Aberglaubens, des visionären Träumens, des Mediumismus und mancher anderer Entartungen des Menschenstrebens eingereiht erscheint. Diese Verschiebung rührt oft davon her, daß Menschen, welche in ihrer von echtem Erkenntnisstreben abliegenden Art sich einen Weg in die übersinnliche Wirklichkeit suchen möchten und die dabei auf die genannten Entartungen verfallen, mit solchen verwechselt werden, die den in dieser Schrift gezeichneten Weg gehen wollen. Was auf dem hier gemeinten Wege von der Menschenseele durchlebt wird, das verläuft durchaus im Felde rein geistig-seelischen Erfahrens. Es ist nur dadurch möglich, solches zu durchleben, daß sich der Mensch auch noch für andere innere Erfahrungen so frei und unabhängig von dem Leibesleben machen kann, wie er im Erleben des gewöhnlichen Bewußtseins nur ist, wenn er sich über das von außen Wahrgenommene oder das im Innern Gewünschte, Gefühlte, Gewollte Gedanken macht, die nicht aus dem Wahrgenommenen, Gefühlten, Gewollten selbst herrühren. Es gibt Menschen, die an das Vorhandensein solcher Gedanken überhaupt nicht glauben. Diese meinen: der Mensch könne nichts denken, was er nicht aus der Wahrnehmung oder dem leiblich bedingten Innenleben herauszieht, und alle Gedanken seien nur gewissermaßen Schattenbilder von

[1] Rudolf Steiner, Wie erlangt man Erkenntnisse der höheren Welten? GA 10, S. 216.

Wahrnehmungen oder von inneren Erlebnissen. Wer dieses behauptet, der tut es nur, weil er sich niemals zu der Fähigkeit gebracht hat, mit seiner Seele das reine, in sich beruhende Gedankenleben zu erleben. Wer aber solches erlebt hat, für den ist es Erfahrung geworden, daß überall, wo im Seelenleben *Denken waltet*, in dem Maße, als dieses Denken andere Seelenverrichtungen durchdringt, der Mensch in einer Tätigkeit begriffen ist, an deren Zustandekommen *sein Leib unbeteiligt ist.* Im gewöhnlichen Seelenleben ist ja fast immer das Denken mit anderen Seelenverrichtungen: Wahrnehmen, Fühlen, Wollen und so weiter vermischt. Diese anderen Verrichtungen kommen durch den Leib zustande. Aber in sie spielt das Denken hinein. Und in dem Maße, in dem es hineinspielt, geht in dem Menschen und durch den Menschen etwas vor sich, an dem der Leib nicht mitbeteiligt ist. Die Menschen, welche dieses in Abrede stellen, können nicht über die Täuschung hinauskommen, welche dadurch entsteht, daß sie die denkerische Betätigung immer mit anderen Verrichtungen vereinigt beobachten. Aber man kann im inneren Erleben sich seelisch dazu aufraffen, den denkerischen Teil des Innenlebens auch abgesondert von allem andern für sich zu erfahren. Man kann aus dem Umfange des Seelenlebens etwas herauslösen, das nur in reinen Gedanken besteht. In Gedanken, die in sich bestehen, aus denen alles ausgeschaltet ist, was Wahrnehmung oder leiblich bedingtes Innenleben geben. Solche Gedanken offenbaren sich durch sich selbst, durch das, was sie sind, als ein geistig, ein übersinnlich Wesenhaftes. Und die Seele, die mit solchen Gedanken sich vereinigt, indem sie während dieser Vereinigung alles Wahrnehmen, alles Erinnern, alles sonstige Innenleben ausschließt, weiß sich mit dem Denken selbst in einem übersinnlichen Gebiet und erlebt sich außerhalb des Leibes. Für denjenigen, welcher diesen ganzen Sachverhalt durchschaut, kann die Frage gar nicht mehr in Betracht kommen: gibt es ein Erleben der Seele in einem übersinnlichen Element außerhalb des Leibes? Denn für ihn hieße es in Abrede stellen, was er aus der Erfahrung weiß. Für ihn gibt es nur die Frage: was verhindert die Menschen, eine solche sichere Tatsache anzuerkennen? Und zu dieser Frage findet er die Antwort, daß die in Frage kommende Tatsache eine solche ist, die sich nicht offenbart, wenn der Mensch sich nicht vorher in eine solche Seelenverfassung versetzt, daß er die Offenbarung empfangen kann. Nun werden zunächst die Menschen mißtrauisch, wenn sie selbst etwas erst rein seelisch tun sollen, damit sich ihnen ein an sich von ihnen

Unabhängiges offenbare. Sie glauben da, weil sie sich vorbereiten müssen, die Offenbarung zu empfangen, sie machen den Inhalt der Offenbarung. Sie wollen Erfahrungen, zu denen der Mensch nichts tut, gegenüber denen er ganz passiv bleibt. Sind solche Menschen außerdem noch unbekannt mit den einfachsten Anforderungen an wissenschaftliches Erfassen eines Tatbestandes, dann sehen sie in Seelen-Inhalten oder Seelen-Hervorbringungen, bei denen die Seele unter den Grad von bewußter Eigenbetätigung herabgedrückt ist, der im Sinneswahrnehmen und im willkürlichen Tun vorliegt, eine objektive Offenbarung eines nicht sinnlichen Wesenhaften. Solche Seelen-Inhalte sind die visionären Erlebnisse, die mediumistischen Offenbarungen. – Was aber durch solche Offenbarungen zutage tritt, ist keine übersinnliche, es ist eine *untersinnliche* Welt. Das menschliche bewußte Wachleben verläuft nicht völlig in dem Leibe; es verläuft vor allem der bewußte Teil dieses Lebens an der Grenze zwischen Leib und physischer Außenwelt; so das Wahrnehmungsleben, bei dem, was in den Sinnesorganen vorgeht, ebensogut das Hineinragen eines außerleiblichen Vorganges in den Leib ist wie ein Durchdringen dieses Vorganges vom Leibe aus; und so das Willensleben, das auf einem Hineinstellen des menschlichen Wesens in das Weltenwesen beruht, so daß, was im Menschen durch seinen Willen geschieht, zugleich Glied des Weltgeschehens ist. In diesem an der Leibesgrenze verlaufenden seelischen Erleben ist der Mensch in hohem Grade abhängig von seiner Leibesorganisation; aber es spielt die denkerische Betätigung in dieses Erleben hinein, und in dem Maße, als das der Fall ist, macht sich in Sinneswahrnehmung und Wollen der Mensch vom Leibe unabhängig. Im visionären Erleben und im mediumistischen Hervorbringen tritt der Mensch völlig in die Abhängigkeit vom Leibe ein. Er schaltet aus seinem Seelenleben dasjenige aus, was ihn in Wahrnehmung und Wollen vom Leibe unabhängig macht. Und dadurch werden Seelen-Inhalte und Seelen-Hervorbringungen bloße Offenbarungen des Leibeslebens. Visionäres Erleben und mediumistisches Hervorbringen sind die Ergebnisse des Umstandes, daß der Mensch bei diesem Erleben und Hervorbringen mit seiner Seele *weniger* vom Leibe *unabhängig* ist als im gewöhnlichen Wahrnehmungs- und Willensleben. Bei dem Erleben des Übersinnlichen, das in dieser Schrift gemeint ist, geht nun die Entwickelung des Seelen-Erlebens gerade nach der entgegengesetzten Richtung gegenüber der visionären oder mediumistischen. Die Seele macht sich fortschreitend unabhängiger vom Leibe, als sie im Wahrnehmungs- und Willensleben ist. Sie erreicht diejenige Unabhängigkeit, die im Erleben reiner Gedanken zu fassen ist, für eine viel breitere Seelenbetätigung.

Für die hier gemeinte übersinnliche Seelenbetätigung ist es außerordentlich bedeutsam, in voller Klarheit das Erleben des reinen Denkens zu durchschauen. Denn im Grunde ist dieses Erleben selbst schon eine übersinnliche Seelenbetätigung. Nur eine solche, durch die man noch nichts Übersinnliches schaut. Man lebt mit dem reinen Denken im Übersinnlichen; aber man erlebt nur dieses auf eine übersinnliche Art; man erlebt noch nichts anderes Übersinnliches. Und das übersinnliche Erleben muß sein eine Fortsetzung desjenigen Seelen-Erlebens, das schon im Vereinigen mit dem reinen Denken erreicht werden kann. Deshalb ist es so bedeutungsvoll, diese Vereinigung richtig erfahren zu können. Denn von dem Verständnisse dieser Vereinigung aus leuchtet das Licht, das auch rechte Einsicht in das Wesen der übersinnlichen Erkenntnis bringen kann. Sobald das Seelen-Erleben unter die Bewußtseinsklarheit, die im Denken sich auslebt, heruntersinken würde, wäre sie für die wahre Erkenntnis der übersinnlichen Welt auf einem Irrwege. Sie würde erfaßt von den Leibesverrichtungen; was sie erlebt und hervorbringt, ist dann nicht Offenbarung des Übersinnlichen durch sie, sondern Leibesoffenbarung im Bereich der untersinnlichen Welt.'

*

Dann wurde der Inhalt von allen Teilnehmern *selbstständig gedacht*, so genau wie möglich, nicht wörtlich, aber der Bedeutung nach.

Danach wurde als Übung dieser Text erneut gedacht, nun aber sehr bewusst mit der *ersten Seelenhaltung* der *Verwunderung*. Diese Verwunderung wurde dann verwandelt in die *zweite Haltung* der *Frage*, und so wurde die Annäherung an ein Denken des Denkens gesucht, das nicht eine Technik, sondern eine verwundernde, fragende Tätigkeit ist. Die *Frage* ist bereits ein Denken, die das Denken *begleitet*.

DRITTE STUNDE

Es wurde ein zweiter Text gelesen, aus Rudolf Steiners Schrift ‚Goethes Weltanschauung', den ich auch im Buch ‚Anschauen des Denkens' zitiert habe:[2]

‚Aber so wie die schöpferischen Naturkräfte ‚nach tausendfältigen Pflanzen' noch eine machen, worin ‚alle übrigen enthalten' sind, so bringen sie auch nach tausendfältigen Ideen noch eine hervor, worin die ganze Ideenwelt enthalten ist. Und diese Idee erfaßt der Mensch, wenn er zu der Anschauung der andern Dinge und Vorgänge auch diejenige des Denkens fügt. Eben weil Goethes Denken stets mit den Gegenständen der Anschauung erfüllt war, weil sein Denken ein Anschauen, sein Anschauen ein Denken war: deshalb konnte er nicht dazu kommen, das Denken selbst zum Gegenstande des Denkens zu machen. Die Idee der Freiheit gewinnt man aber nur durch die Anschauung des Denkens. Den Unterschied zwischen Denken über das Denken und *Anschauung des Denkens* hat Goethe nicht gemacht. Sonst wäre er zur Einsicht gelangt, daß man gerade im Sinne *seiner* Weltanschauung es wohl ablehnen könne, über das Denken zu denken, daß man aber doch zu einer *Anschauung* der Gedankenwelt kommen könne. An dem Zustandekommen aller übrigen Anschauungen ist der Mensch unbeteiligt. In ihm leben die Ideen dieser Anschauungen auf. Diese Ideen würden aber nicht da sein, wenn in ihm nicht die produktive Kraft vorhanden wäre, sie zur Erscheinung zu bringen. Wenn auch die Ideen der Inhalt dessen sind, was in den Dingen *wirkt*; zum erscheinenden Dasein kommen sie durch die menschliche Tätigkeit. Die eigene Natur der Ideenwelt kann also der Mensch nur erkennen, wenn er seine Tätigkeit anschaut. Bei jeder anderen Anschauung durchdringt er nur die wirkende Idee; das Ding, in dem gewirkt wird, bleibt als Wahrnehmung außerhalb seines Geistes. In der Anschauung der Idee ist Wirkendes und Bewirktes ganz in seinem Innern enthalten. Er hat den ganzen Prozeß restlos in seinem Innern gegenwärtig. Die Anschauung erscheint nicht mehr von der Idee

[2] Rudolf Steiner, Goethes Weltanschauung, GA 6, S. 85.

hervorgebracht; denn die Anschauung ist jetzt selbst Idee. Diese Anschauung des *sich selbst Hervorbringenden* ist aber die Anschauung der Freiheit. Bei der Beobachtung des Denkens durchschaut der Mensch das Weltgeschehen. Er hat hier nicht nach einer Idee dieses Geschehens zu forschen, denn dieses Geschehen ist die Idee selbst. Die sonst erlebte Einheit von Anschauung und Idee ist hier Erleben der anschaulich gewordenen Geistigkeit der Ideenwelt. Der Mensch, der diese in sich selbst ruhende Tätigkeit anschaut, fühlt die Freiheit. Goethe hat diese Empfindung zwar *erlebt*, aber nicht in der höchsten Form ausgesprochen. Er übte in seiner Naturbetrachtung eine freie Tätigkeit; aber sie wurde ihm nie gegenständlich. Er hat nie hinter die Kulissen des menschlichen Erkennens geschaut und deshalb die Idee des Weltgeschehens in dessen ureigenster Gestalt, in seiner höchsten Metamorphose nie in sein Bewußtsein aufgenommen. Sobald der Mensch zur Anschauung dieser Metamorphose gelangt, bewegt er sich sicher im Reich der Dinge. Er hat in dem Mittelpunkte seiner Persönlichkeit den wahren Ausgangspunkt für alle Weltbetrachtung gewonnen. Er wird nicht mehr nach unbekannten Gründen, nach außer ihm liegenden Ursachen der Dinge forschen; er weiß, daß das höchste Erlebnis, dessen er fähig ist, in der Selbstbetrachtung der eigenen Wesenheit besteht. Wer ganz durchdrungen ist von den Gefühlen, die dieses Erlebnis hervorruft, der wird die wahrsten Verhältnisse zu den Dingen gewinnen. Bei wem das nicht der Fall ist, der wird die höchste Form des Daseins anderswo suchen, und, da er sie in der Erfahrung nicht finden kann, in einem unbekannten Gebiet der Wirklichkeit vermuten. Seine Betrachtung der Dinge wird etwas Unsicheres bekommen; er wird sich bei der Beantwortung der Fragen, die ihm die Natur stellt, fortwährend auf ein Unerforschliches berufen.'

VIERTE STUNDE

Ich habe gestern Morgen versucht, das reine Denken so zu beschreiben, wie es als höchste Fähigkeit im heutigen Menschen da ist und auch weiter entwickelt werden kann. Ich habe dann auch versucht, schon eine Ahnung hervorzurufen, dass in diesem reinen Denken sich die Weisheit des Menschen zwar nicht befindet, sich aber darin ausgießen kann, wodurch dann eine Anthroposophie entstehen würde, die nicht nur in Büchern zu finden ist, sondern die dann wirklich mit dem eigenen Menschen verbunden ist und dann auch daraus geschöpft werden kann.

Wir haben dann zwei Texte studiert, vor allem den ersten Text, der aus ‚Wie erlangt man Erkenntnisse der höheren Welten?' genommen ist, ganz am Ende des Buches. Es wird oft ein Unterschied gemacht zwischen dem Weg von ‚Wie erlangt man…' und dem Weg der ‚Philosophie der Freiheit'. Aber diesen Unterschied gibt es gar nicht. Das wird deutlich in diesem Nachwort aus ‚Wie erlangt man…', wo Rudolf Steiner die ganzen spirituellen Erkenntnisse auf die Grundlage des reinen Denkens stellt. Man kann nur *insoweit* über einen Unterschied sprechen, als man einen etwas anderen Weg zu diesem reinen Denken geht, wenn man ‚Wie erlangt man…' tut oder wenn man die ‚Philosophie der Freiheit' oder etwas Ähnliches tut, also mehr aus dem Denken heraus direkt das reine Denken sucht oder aber sich über bestimmte andere meditative Übungen, vereint mit Nebenübungen, die man dann zur Läuterung der Seele braucht, zur Entfaltung dieses reinen Denkens hin entwickelt.

Man kann zusammenfassend sagen, dass die Spiritualität, die in der Anthroposophie lebt – wie man sie auch finden will –, von dem reinen Denken ausgehen muss. Und das war in diesem Nachwort-Text, den wir gestern gelesen haben, noch einmal zusammenfassend beschrieben, denn da macht Rudolf Steiner sehr klar, sehr deutlich, dass das reine Denken eine erste spirituelle Erfahrung ist, die Erfahrung des eigenen Geistes, und dass aus dieser Erfahrung dann die spirituelle Erfahrung der übrigen geistigen Welt wachsen kann.

Das reine Denken ist dann ein Denken, das rein Denken ist, nur Denken ist. Das wird in diesem Text nicht so klar, weil Rudolf Steiner da ganz kurz beschreibt, dass in allem, was der Mensch hat, tut, wahrnimmt, was er in sein Bewusstsein hineinbekommt – dass er da das reine Denken findet, wenn er dasjenige denkt, was er empfunden hat, ohne an die Empfindung, an die Wahrnehmung wirklich direkt anzuschließen. Aber da gibt es natürlich eine Quelle der Irrtümer. Denn das muss man dann ganz klar unterscheiden können, dass es sich hier um ein wirkliches Denken und nicht nur um Gedanken handelt, denn die haben wir den ganzen Tag immer, und manchmal auch wesentliche, wichtige Gedanken, aber diese schließen doch immer an die Wahrnehmung und Empfindung an. Das Denken, das Rudolf Steiner hier meint, ist ein Denken, das zwar mit der Wahrnehmung, Empfindung usw. zusammenhängen kann, aber es ist ein Denken, das *durch eigene Tätigkeit hervorgebracht* wird.

Das wird dann in dem zweiten Text deutlich – dass es darum geht. Dass es also nicht das gewöhnliche Gedanken-Haben ist, was von selbst im Menschen immer da ist. Es ist ja sogar so da, dass, wenn wir mit einer Meditation anfangen, wir dadurch gestört werden, durch dieses Immer-Gedanken-Haben, das sich eigentlich kaum zum Schweigen bringen lassen will. Aber die Lösung, die der anthroposophische Weg dann gibt, ist nicht, dass man versucht, dieses Gedanken-Haben zum Schweigen zu bringen, sondern, dass man versucht, das wirkliche, selbsttätige Denken so bewusst, selbstbewusst einzusetzen, dass man eigentlich diese Seitenströme, die immer da sind mit den Gedanken, nicht mehr bemerkt. So, wie man auch den Leib letztendlich nicht bemerkt, bemerkt man auch diese Gedanken, die mit der leiblichen Anwesenheit zu tun haben, nicht mehr. Es ist nicht ein Unterdrücken der Gedanken, was geschehen soll, sondern ein viel stärkeres *Einsetzen des tätigen Denkens,* wodurch die übrigen Gedanken eigentlich nicht mehr wichtig sind.

Teilnehmerin: Sie sind dennoch da?

Ja, wenn man gut darauf achtet, bemerkt man, dass sie dableiben.

Teilnehmerin erneut: Ich denke, sie sollen doch nicht sein?

Ja, aber dann würde der Leib sterben. Das ist der Ätherleib, dieser muss denken, er muss auch organisch denken, denn sonst kann der Leib nicht da sein. Also das muss weiter gehen, das kann man eigentlich gar nicht unterdrücken, man kann es nur im Bewusstsein nicht haben wollen. Aber das hilft nicht, wenn man nicht dieses *eigene* Denken so stark wie möglich macht.

Teilnehmer: Die Alltagsgedanken – zum Beispiel ‚was mache ich morgen?' oder so – haben doch mit dem Ätherleib, mit den Leibesvorgängen, die notwendig sind, nichts zu tun?

Ja, das denkst du nur, dass sie damit nichts zu tun haben, denn das scheint so, weil du die höhere Wirklichkeit der ätherischen Gedanken nur durch Spiegelung kennst – und da werden sie trivial, alltäglich und vermischt mit Trieben und Begierden und allerlei. Aber eigentlich ist der Gedankenleib etwas ganz Erhabenes und ist es unsere ‚Schuld', dass diese Gedanken so trivial werden, dass wir sie also so haben, wie wir sie haben. Eigentlich sind es Gedanken, die für die Physiologie des Leibes sorgen, und es liegt an uns, dass wir sie als nutzlos erfahren, weil sie eine gewisse Freiheit bekommen haben und im Bewusstsein gespiegelt werden.

Man muss da die Realität im Auge haben – und da kommen wir hoffentlich auch noch darauf, dass wir diese Unterscheidungen machen können, inwieweit das *Denken* mit dem *Astralleib* zusammenhängt, mit der Seele, und wie das *Gedanken-Haben* eher der *Ätherleib* ist und wie das *tätige Einsetzen des Denkens eine Ich-Tätigkeit* ist. Da finden wir dieses reine Denken – da, wo das Ich sich mit den Gedanken vereinigt, sie hervorbringt.

Aber da liegt dann zugleich auch die Kehrseite.

Gestern habe ich die hohe, erhabene Seite des Denkens, des menschlichen Denkens betont, und ich wiederhole noch einmal, dass sich darin die eigentliche Menschlichkeit, das eigentliche Menschsein und auch wirklich die menschliche Wesenheit gewissermassen in der niedersten Stufe doch zeigt. Aber andererseits müssen wir uns dann auch bewusst werden, was unsere Hemmungen sind.

Wir haben gestern versucht, den ersten Text nachzudenken. Da kommen die ersten Hemmungen schon für Viele ans Licht, weil sich dann zeigt, dass man das nicht so einfach kann: einen Text, der ziemlich kompliziert ist, zweimal zu lesen und dann genau nachzudenken; dann einige Stunden darüber hinweggehen zu lassen und am Mittag, ohne den Text nochmals zu lesen, zu versuchen, den Inhalt wiederum nachzudenken. Aber es gelingt natürlich immer in gewissem Sinn dennoch, und das haben wir dann versucht. Nachdenken und dann dieses Denken bereichern dadurch, dass wir versucht haben, dieses Denken mit Erstaunen und Verwunderung zu begleiten.

Dann haben wir versucht, noch weiter zu gehen. Wir versuchten, diese Stimmung, die mehr gefühlsmäßig-herzliche Stimmung in die fragende Haltung zu verwandeln. Wir haben versucht, zu denken, aber haben versucht, das fragend zu tun. Nicht nach der Bedeutung des Inhalts fragend, nicht mit einer bestimmten Frage, sondern *an sich* fragend. Es ist eigentlich eine in das Denken verwandelte Verwunderung oder Staunen. Wir müssen jene Offenheit, die wir als Staunen oder Verwunderung finden, mehr in eine Denkbewusstheit verwandeln. Nicht Frage nach etwas, sondern *selbst Frage werden.* Wenn man es dennoch ‚bestimmen' will, dann muss man bei dem Text von gestern Mittag sagen, man fragt eigentlich nach der *Idee* – und zwar nicht nach einer bestimmten Idee, sondern nach der Idee im weitesten Umfang. Aber das ist sehr schwierig für den zielgerichteten Menschen, der immer ein Ziel haben will. Dann hat auch eine Frage natürlich ein Ziel. Aber man kann auch *eine Frage sein*, also eigentlich so, dass man sich bewusst wird, dass man sehr wenig Wissen hat und noch alles Frage ist, fast alles; ein ganz kleines Körnchen Wissen hat man, und das große Ganze bleibt Frage.

Dann wurde gestern so schön deutlich, dass es zwischen Verwunderung und Frage noch eine ganze problematische Entwicklung gibt, dass es also eigentlich schon ein Zeichen der Katharsis ist, wenn man es so weit bringen kann, dass man bewusst als Frage leben kann. Verwunderung, das geht, Erstaunen. Aber das bis in das *Denken* hinaufzuheben, das ist für uns wirklich sehr schwierig, und da liegt eine ganze Entwicklung dazwischen.

Wir müssen uns wirklich ernst bewusst werden, dass wir eigentlich noch gar keine Menschen sind. Wir haben eine menschliche Gestalt, und unser menschlicher Leib ist in seiner vierten Entwicklungsepoche, der irdischen. Und wenn wir in unserem Leib wohnen, wenn unser Leib – ich müsste eigentlich sagen, wenn Seele und Geist Leib geworden sind, dann sind sie dadurch Mensch. Also Seele und Ich, Seele und Geist, sind menschlich durch den Leib. Denn der Leib ist göttlich, ist auch korrumpiert worden im Verlauf der Entwicklung, aber ist noch immer viel, viel vollkommener als Seele und Geist. Man muss sich damit durchdringen, dass der Leib das Göttliche ist und dass wir Menschen sind dadurch, dass wir Leib geworden sind. Und wenn wir sterben, bleibt der Leib auf der Erde, löst sich scheinbar ganz auf, und dann wird der Kosmos unser Leib, dann werden die höheren Hierarchien unser Leib. Wir können nicht selbstständig Mensch sein, nicht ohne Hilfe des Leibes, und wenn wir gestorben sind, nicht ohne Hilfe des Kosmos, der kosmischen höheren Wesenheiten.

Also das ist etwas, dessen müssen wir uns eigentlich sehr, sehr ernst bewusst werden. Denn wir haben natürlich eine ganz hohe Meinung von uns selbst, und eigentlich ist diese vollkommen unpassend, denn wir sollten wissen, dass die eigene Menschlichkeit überhaupt erst entwickelt werden muss. Und die erste Ebene, die erste Stufe dieser Menschlichkeit ist das reine Denken, nicht das Gefühl, nicht der Wille, auch nicht das gewöhnliche Verstandesdenken, sondern das reine Denken. Das ist die erste Stufe der eigenen Menschlichkeit. Da wird der Mensch ein bisschen Mensch.

Wir können eigentlich heute nicht weitermachen, im Anschluss an gestern, wenn wir uns *das* nicht realisieren wollen, wenn wir uns dessen nicht bewusst werden wollen. Deshalb kann man sagen, dass man, wenn man aus seiner Seele oder aus seiner Phantasie oder was auch immer Dinge hervorbringt, nicht mit dem Menschen arbeitet – und dass, wenn man das reine Denken als Grundlage hat, da die eigene Menschlichkeit spricht. Selbstverständlich können durch seelische, ätherische Ebenen, durch diese Körper hindurch, allerlei Wesenheiten sprechen, die übermenschlich sind. Aber uns fehlt das Unterscheidungsvermögen dafür. Und dafür brauchen wir dann wiederum das reine Denken. Also dieses reine Denken ist *Unterscheidungsvermögen* für dasjenige, was durch die anderen Glieder in die Menschlichkeit hineinkommt.

Da könnte man natürlich fragen: Warum müssen wir dann den Leib verlassen? Denn das ist ja ziemlich paradox, zu sagen, der Leib ist das Höchste und trotzdem sei es notwendig,, wenn man eine spirituelle Entwicklung gehen will, dasjenige, was das Höchste ist, zu verlassen, sich also gerade leibfrei zu machen. Aber das hat damit zu tun, dass wir eine Entwicklung suchen und dass in diesem reinen Denken dasjenige, was wir nach dem Tod als kosmische Leiblichkeit finden, gewissermassen das reine Denken überstrahlt. Also, man stirbt, bevor man stirbt. Das ist es eigentlich, was geschieht: Dass man dasjenige, was man nach dem Tod sowieso erleben wird – aber dann, ohne die eigene Menschlichkeit entwickelt zu haben –, schon jetzt an sich heranzieht, auf Erden, wo gerade das eigene, selbstständige, individuelle Menschliche entwickelt werden kann.

Was wir uns also jetzt an diesem Tag bewusst machen sollten, ist, dass wir noch Menschen werden müssen. Das wird in den Klassenstunden von Rudolf Steiner, die er 1924 gehalten hat, auch sehr deutlich. Da gibt es eine Vorbereitung, könnte man sagen, bevor die Selbsterkenntnis so weit gekommen ist, dass die Schwelle der geistigen Welt überschritten werden darf. In dieser Vorbereitung wird sehr deutlich, dass der Mensch noch kein Mensch ist und dass er Erkenntnisse braucht, um diese Menschlichkeit zu verwirklichen. Erst, wenn er dann zugelassen wird zu der geistigen Welt, erklingt das Wort: *Tritt ein, du wirst ein wahrer Mensch werden.*

Lasst uns also fühlen, wie das mit uns ist. Wir können natürlich viel Menschliches tun, aber dass wir das wirklich schon aus der eigenen Menschlichkeit tun können, das beginnt erst mit der Freiheit. Die hat Rudolf Steiner natürlich in seiner ‚Philosophie der Freiheit' angedeutet. Aber er beschreibt sie später viel klarer in Vorträgen und Büchern, zum Beispiel kurz in diesem Text aus ‚Goethes Weltanschauung', wo er angibt, dass der Mensch alles, was er erfährt, außerhalb lassen muss, als außerhalb seiner Tätigkeit entstanden, und dass nur das Hervorbringen der Idee auf der eigenen individuellen Tätigkeit beruht. Also da, wo wir, auch wenn es äußere Wirklichkeit ist, diese selbstschöpferisch mit Ideen durchsetzen; da, wo wir *diese Ideen, die dazugehören, aktiv hervorbringen und wir dies anschauen*, uns dessen bewusst werden, dass *der Mensch* das tut, da haben wir die erste Aussicht auf unsere Menschlichkeit.

Für mich sind es gewissermaßen Erschütterungen gewesen, als ich in der ‚Summe der Theologie' von Thomas von Aquin seinen Begriff der Sünde gelesen habe. Er ist natürlich vor allem der katholische Gelehrte, aber zu gleicher Zeit ist er noch etwas ganz anderes, und das erkennt man wieder, wenn man seine Schriften nicht aus dem Katholizismus heraus liest, sondern nur mit einem fragenden Denken. Dann findet man seinen Begriff der Sünde, und da sagt er: *Der Mensch ist begabt mit Vernunft. Die Vernunft ist die eigentliche menschliche Fähigkeit. Was ist nun Sünde? Sünde ist, wenn der mit Vernunft begabte Mensch seine Vernunft nicht anwendet.* Alles Übrige sieht er nicht als Sünde an. Da also, wo wir unsere eigentliche menschliche Begabung nicht einsetzen, da sind wir Sünder.

In der Anthroposophie, in dem Text, den wir gestern Mittag gelesen haben, finden wir dann, dass der Mensch die Möglichkeit hat, das Hervorbringen der Idee – das ist eine Beschreibung der Vernunft, könnte man sagen – ideell zu durchdringen. Er steht also als ein vernünftiger Mensch in der Welt, und dann ist es in unserer Zeit eigentlich die Sünde, wenn er sein Vermögen, mit Vernunft seine Vernunft anzuschauen, versäumt. Das ist moderne Sünde, könnte man sagen. Denn wir sind in unserer Zeit mit einem Vermögen begabt, die Hervorbringung der Idee ideell hervorzubringen, anzuschauen; mit der Vernunft die Vernunft zu erkennen. Man braucht da nichts *Neues* zu erkennen, denn man hat die Idee selbst hervorgebracht, das ist die Erkenntnis. Die Erkenntnis ist, dass es etwas im Menschen gibt, wo es keine Trennung gibt zwischen Ding und Idee – und das ist diese *produktive Hervorbringung der Idee selbst*.

Dieses Hervorbringen der Idee sollten wir fragend anschauen.

Es ist natürlich nicht so, dass das unkompliziert und ganz einfach zu machen ist. Denn der Weg, der zwischen Parzivals erstem Besuch der Gralsburg und dann seinem zweiten Besuch dargestellt ist, also all das, was dazwischen liegt, liegt auch für uns eigentlich vor der Möglichkeit, das Hervorbringen der Idee fragend anzuschauen. Wir sind selbst *Amfortas*, insoweit wir intellektuell denkende Menschen sind. Wir haben uns also durch Klingsor verführen lassen und tragen eine Wunde. Aber wir sind zu gleicher Zeit auch Parzival, der dazu berufen ist, diese Wunde zu heilen, aus Mitleid wissend. Zuerst versteht er nicht, was seine Aufgabe ist, weil er eigentlich überhaupt nicht viel versteht, obwohl er rein ist. Und dann, allmählich, dadurch, dass auch er diese Versuchung erleben muss, die Amfortas erlebt hat, und er dieser Versuchung widersteht, kehrt sich das gleichsam um, überwindet er die Klingsorkraft in sich, muss dann noch viel herumirren, bis er schließlich zum zweiten Mal in die Gralsburg geleitet wird. Und dann erst kann er das Denken, *die Hervorbringung der Idee fragend anschauen.*

Wir dürfen also nicht meinen, dass wir es mit einer Denktechnik zu tun hätten, bei der man einfach einige Kunststücke erlernen kann, so dass man sich im Denken anschauen kann. Dazwischen liegt eine harte Überwindung.

Damit wollen wir uns dann heute befassen – mit diesem Teil in uns, wo einerseits die Reinheit liegt und wo andererseits die Versuchung so wirkt, dass diese Reinheit gar nicht benutzt werden kann.

Im gewöhnlichen Leben kennen wir das natürlich nur zu gut, dass immer, wenn man reine Impulse hat, etwas geschieht, was ganz gut scheinen kann, was aber diese Impulse dann wieder wegnimmt. Das ist doch etwas, was wir im gewöhnlichen Leben sehr gut kennen.

Das ist auch etwas, worauf wir uns vorbereiten müssen: Dass es eine Zeit geben wird, in der eine Wesenheit auf Erden erscheinen wird, die sich als ein Helfer der Menschheit zeigen wird. Und es liegt nahe, dass die ganze Menschheit dem hinterherlaufen wird, weil es eine Wesenheit sein wird, die sich als ein großer Helfer der Menschheit präsentieren wird. Aber er wird so helfen, dass er dem Komfort der Menschen hilft: Komfort, Wellness, sich gut fühlen, Wohlgefühl,

Frieden, Wohlstand, materiell, technisch, Gesundheit, Bequemlichkeit, alles, was die Menschen gerne haben. Das wird große Anforderungen an unser Unterscheidungsvermögen stellen. Das wird die Inkarnation von Ahriman sein. Die Inkarnation von Ahriman dürfen wir uns also nicht als das Erscheinen einer schrecklichen Wesenheit vorstellen, die furchtbar herumtobt – das tut er natürlich, aber das wird nicht so aussehen.

FÜNFTE STUNDE

Wir können die Menschheitsentwicklung so anschauen, dass wir sehen, dass sie bis zu einem gewissen Punkt geht, wo der Mensch entwickelt wird, und dass dann ein Augenblick – nicht ein einziger Augenblick, sondern ein großer Augenblick – kommt, wo dieses Entwickelt-Werden sich verwandeln muss in ein Sich-Entwickeln. Das ist dann der Anfang der neuen Zeit, in der wir leben: Dass wir immer mehr verstehen müssen, dass die Menschheitsentwicklung in ihrem Gang und Ergebnis immer mehr von uns abhängig sein wird. Wenn man so über Schwierigkeiten und schlimme Zeiten mit Menschen spricht, die die Anthroposophie nicht kennen – und auch mit Anthroposophen übrigens –, dann sagen diese oft: ‚Ja, so ist es immer gewesen, es gab immer schlechtere und bessere Zeiten, und die höheren Mächte werden schon dafür Sorge tragen, dass es auch jetzt wiederum bessere Zeiten geben wird.' Das ist eine Vorstellung, die wir uns abgewöhnen sollten, weil es immer mehr von uns abhängen wird – ob wir die Entwicklung selbst in die Hand nehmen wollen.

Aber diese Zeit ist natürlich noch jung, und wir müssen uns noch an diesen Gedanken gewöhnen, dass die alten Methoden, die Welt zu verbessern, nicht mehr wirksam sind. Das gewöhnliche Denken, Fühlen und Wollen des Menschen war früher dafür geeignet, in der Welt so zu wirken, dass die höheren Mächte durch das Denken, Fühlen und Wollen bestimmter hoch entwickelter Persönlichkeiten wirken konnten und dass so die führenden geistigen Mächte doch immer wieder eingreifen konnten und das auch taten. Wir müssen uns daran gewöhnen, Gedanken zu bilden, die nicht in diese alten Gewohnheiten hineinschlüpfen, und uns damit vertraut machen, dass es von uns abhängen wird, was weiter geschehen wird. Es wird eben nicht so sein können, dass man dann doch wiederum darauf vertrauen kann, dass man die richtigen Eingebungen bekommt und alles sich so gestalten wird – auch nach Idealen –, wie es früher der Fall gewesen ist.

Der Schritt zu diesem reinen menschlichen Denken muss wirklich gemacht werden, sonst geht die Entwicklung nicht in die Höhe, kann sie nicht mehr in die Höhe gehen. Das hat Rudolf Steiner oft genug betont – dass eine Dekadenz, ein Chaos eintreten wird, wenn nicht eine gewisse Anzahl von Menschen diesen Schritt zu dem reinen Denken wenigstens wollen wird.

Schon das ist ja ein Problem: es zu wollen, es nicht nur einzusehen, sondern es dann auch zu wollen. Aber dann ist es natürlich auch wichtig, dass wir uns bewusst sind, dass es nicht um Millionen von Menschen geht. Wir müssen auch ein Bewusstsein davon entwickeln, dass wir Menschen in der Seele und im Geist nicht so abgesondert sind, wie es unsere Leiber sind. Dadurch, dass wir in einem physischen Leib leben, haben wir den Eindruck, dass alles auf diese abgesonderte Leiblichkeit ankommt, auf das ‚ich bin' und ‚ich will' und ‚ich fühle' und ‚ich denke'. Wir haben den Eindruck oder die Gewohnheit, zu denken, zu meinen, dass es einen Kreis geben müsse, der eine Entwicklung will, und dass das ein großer Kreis sein müsse, um etwas in der Welt ändern zu können. Wir stehen in einer Welt, sehen Niedergangserscheinungen, die sehen wir vor allem, weil dasjenige, was eintreten muss, nicht eintritt, nicht genügend eintritt, und da denken wir: Es sind auch nicht genügend Menschen da, und es müssten mehr Menschen werden, und wir möchten gerne Menschen um uns herum haben, die in der gleichen Art arbeiten wie wir. Das ist natürlich auch so. Aber andererseits vergessen wir dann, dass wir mit der Seele und mit dem Geist in einer Gemeinschaft stehen, die wir nicht erkennen, die wir nicht zu haben scheinen, solange wir im Leib sind.

Wenn wir nach vier Tagen wieder auseinandergehen, dann sind wir leiblich getrennt, aber seelisch und geistig gar nicht; nur haben wir das Problem, dass wir das nur unbewusst bemerken. Und nicht nur *wir* sind dann nicht getrennt, sondern wir stehen in der ganzen menschlichen seelischen, geistigen Gemeinschaft darinnen, und wir sollten uns so entwickeln, dass wir wie ein Sauerteig oder wie Hefe im Ganzen wirken. Davon braucht man nicht so viel.

Aber was natürlich ein Problem ist: Tun wir auch genügend?

Es kann natürlich sehr wohl sein, dass ihr hierherkommt, vier Tage miteinander sehr intensiv, auch wirklich gewollt, arbeitet, dann gehen wir wieder auseinander, und obwohl wir dann doch in der Seele und im Geist zusammen sind, kann es natürlich dennoch sehr wohl sein, dass dieser *Freiheitsimpuls*, auch wirklich sehr energisch weiterzuarbeiten, erschlafft und immer weniger wird und nach kürzerer oder längerer Zeit sich so entspannt, dass kaum noch etwas übrigbleibt. Und dann kommen wir nach einem Jahr wieder zusammen und machen wiederum eine starke Quelle, aber die bleibt nicht aktiv.

Ich weiß nicht genügend, wie jeder von euch auch wirklich mit aller Kraft dann zuhause weiterarbeitet. Und wenn das nicht geschieht – ja, dann tun wir nicht genügend, dann ist nicht genügend Einfluss auf diese gemeinsame seelisch-geistige Tätigkeit der Menschheit da. Also wir sollten eigentlich auch – aber wir sind frei – wir sollten eigentlich auch unsere Verantwortlichkeit dabei sehr ernst fühlen lernen. So dass wir nicht sagen können: Die Welt geht so schlecht und es ist so viel Niedergang darin, und ich mache mir Sorgen und ich finde keine Menschen, und was soll das eigentlich bewirken, ich kann doch besser äußere Massnahmen suchen, denn dies hilft ja doch nichts usw. – Das sollten wir also eigentlich nicht sagen, wir sollten dies umwandeln in das Bewusstsein und den Willen und auch das Wissen, dass, wenn ein Mensch sich selbst überwindet, diese Kraft, die dadurch frei wird, *weltgestaltend* wirkt.

Es ist natürlich so, dass man, wenn man nicht hiermit in Berührung kommt und dadurch natürlich nicht enthusiastisch dafür werden kann, auch die Verantwortlichkeit nicht hat. Aber es gibt natürlich viele Menschen, die das unbewusst wissen und es nicht wollen oder die so an dem äußeren Kämpfen hängen, dass sie das eigentlich viel lieber tun und diesen stillen, unsichtbaren, innerlichen Streit lieber vermeiden.

Ich wollte also sagen, dass es eigentlich schon die bevorstehende Inkarnation Ahrimans ist, die herankommt. Ahriman will uns natürlich nur auf das Sinnliche beschränken, und seine Absicht ist, dass die Menschen nicht an eine Möglichkeit glauben, mit Wenigen innerlich viel zu tun. ‚Viel' muss auch sinnlich viel sein. Da müssen also große, umfassende Bewegungen sichtbar sein, die für Frieden oder was auch immer da sind. Das muss man *sehen* können, dass das wirkt. Und es ist eine Prüfung für die Menschheit, so viel *Glauben und Vertrauen in den Geist* zu haben, dass man weiß: Dasjenige, was Wenige vorbereiten – denn es ist natürlich eine vorbereitende Tätigkeit –, genügt. Und wenn wir das dann tun, dann *tun wir auch wirklich etwas.*

Aber dann müssen wir natürlich stark darinnen stehen, denn zur gleichen Zeit sind auch diese Gegenmächte sehr vernünftig und intelligent tätig, um uns davon abzuhalten und allerlei Ausreden in uns hineinzupflanzen, damit wir es doch wiederum nicht machen und nur auf diese Richtung und jene Richtung achten, und auf dies und das und jenes ... und das noch und das – aber nur nicht auf das, was innerlich gemacht wird.

Das Unterscheidungsvermögen müssen wir entwickeln, damit wir – oder unsere Nachkommen, im geistigen Sinne – unterscheiden können, wenn Ahriman kommt, und wissen, dass er es ist, und uns nicht so irren, dass wir in ihm vielleicht nicht Christus selbst, aber doch einen großen Eingeweihten oder einen Erlöser in einem anderen Sinne vermuten. Man kann natürlich darauf gefasst sein, dass das nicht so leicht sein wird. Er wird natürlich nicht kommen und sich als sich zeigen. Er wird es so machen, dass es wirklich eine *Prüfung für die Menschheit* sein wird.

Wie bilden wir dieses Unterscheidungsvermögen aus?

Es steht eigentlich in dem Text, den wir gestern Mittag gelesen haben. Und das ist der wichtigste Punkt, das ist ein Wendepunkt von der Philosophie zur Anthroposophie: der Punkt, wo das gewöhnliche Denken zum reinen Denken wird. Das ist die Hauptsache, diese Umwandlung von dem gewöhnlichen Denken, wo der Zweifel König ist und wo deshalb auch Irrtum und Lüge wohnen, in ein Denken, wo diese Gegenmächte nicht nur überwunden sind, sondern wo sie gar nicht sein können. Es ist eine Stätte, wo kein Luzifer und kein Ahriman sein kann. Wenn man sein Denken dahin entwickelt, hat man dieses Unterscheidungsvermögen selbstverständlich. Denn da ist ein Gebiet, was man dann bewohnt, wo man es unmittelbar bemerkt, wenn man mit Ahriman oder mit Luzifer zu denken anfängt.

Es liegt natürlich auch im gewöhnlichen Denken eine Menge reines Denken, aber man bemerkt es nicht, weil man nie hinschaut und nie erlebt, was da geschieht. Wenn man erleben würde, was da geschieht, würden – auch wenn es sich noch nicht in der vollen Reinheit ausgestaltet hat – doch immer wieder diese Augenblicke da sein, wo man das reine Denken hat. Es kommt auf das anschauende Erleben an, ein *Anschauen* dessen, was *gemacht* wird. Also nicht nur tun, sondern auch versuchen, zu erleben, was da geschieht, was man hat oder nicht hat. Das Bemerken liegt in dem Erleben. Gewöhnlich schaut man nur nach vorne, immer nach vorne; das ist der Mensch, der noch nicht Mensch ist. Das ist eigentlich das Tier, das zielgerichtet nach vorne schaut und nicht diesen Rückwärtsblick übt. Und es ist nicht nur Blick, es ist *erlebender Blick*.

Und das steht dann hier in dem Text aus ‚Goethes Weltanschauung': [3]

> An dem Zustandekommen aller übrigen Anschauungen ist der Mensch unbeteiligt. In ihm leben die Ideen dieser Anschauungen auf. Diese Ideen würden aber nicht da sein, wenn in ihm nicht die produktive Kraft vorhanden wäre, sie zur Erscheinung zu bringen. Wenn auch die Ideen der Inhalt dessen sind, was in den Dingen wirkt, zum erscheinenden Dasein kommen sie durch die menschliche Tätigkeit. Die eigene Natur der Ideenwelt kann also der Mensch nur erkennen, wenn er seine Tätigkeit anschaut. Bei jeder anderen Anschauung durchdringt er nur die wirkende Idee. Das Ding in dem gewirkt wird, bleibt als Wahrnehmung außerhalb seines Geistes. In der Anschauung der Idee ist Wirkendes und Bewirktes ganz in seinem Innern erhalten. Er hat den ganzen Prozess restlos in seinem Innern gegenwärtig. Die Anschauung erscheint nicht mehr von der Idee hervorgebracht, denn die Anschauung ist jetzt selbst Idee. Diese Anschauung des sich selbst Hervorbringenden ist aber die Anschauung der Freiheit. Bei der Beobachtung des Denkens durchschaut der Mensch das Weltgeschehen. Er hat hier nicht nach einer Idee dieses Geschehens zu forschen, denn dieses Geschehen ist die Idee selbst.

Und da, wo sich der geistige Blick auf das Hervorbringen der Idee richtet, da ist die reine, unterscheidende, denkende Tätigkeit geboren. Also, man darf das wirklich nicht nur als Phrasen nehmen, es sind tiefgreifende Aussagen. ‚Bei der Beobachtung des Denkens durchschaut der Mensch das Weltgeschehen.'

---

[3] Rudolf Steiner; Goethes Weltanschauung, GA 6, S. 85.

Das bedeutet natürlich nicht, dass man dann eine ‚All-Hellsichtigkeit' hat, aber es bedeutet die Geburt des reinen Unterscheidungsvermögens. Mit dieser Waffe kann man den Zweifel überwinden, in jedem Punkt. Natürlich nicht allmächtig, nicht so, dass man dann nie mehr etwas nicht weiß; so ist es natürlich nicht. Man weiß, ob man etwas weiß oder ob man etwas nicht weiß, und das ist schon ein Unterscheidungsvermögen, das wir wirklich sehr brauchen. Und wenn man das hat, dieses Unterscheidungsvermögen, hat man eine ganz andere Art, Dinge zu beurteilen, gewonnen. Denn es ist dann nicht mehr fortwährend dieser ‚Meinungsblick' nach außen da, sondern es ist ein tätiges Denken da, das zu gleicher Zeit auch tätig angeschaut wird. Und dadurch ist diese Kluft zwischen Idee und Ding überwunden.

Dann brauchen wir noch eine *dritte Haltung*, die beim Denken gar nicht üblich ist. Aber wir können zu diesem Durchschauen des Weltgeschehens natürlich nicht kommen, wenn wir einfach so, sagen wir, aus der Küche kommen und uns auf den Stuhl setzen und denken: ‚So jetzt mache ich meine Übungen, ich fange mit einer Denkübung an, und dann muss es schon gehen.' Wir müssen uns doch auch immer wieder bewusst sein, dass es nicht eine Technik ist, die wir auszubilden versuchen, sondern dass es wirklich *eine religiöse Kunst* ist, die wir ausbilden. Wenn man Klavier studiert, dann ist zuerst die Technik das Wichtige, das brauchen wir natürlich auch – wir müssen auch wissen, wie wir es tun müssen. Es muss durch Übung eine gewisse Fertigkeit entstehen. Aber dann, wenn dieser Punkt kommt, wo wir uns sagen: Jetzt will ich mich umkehren und anschauen, wie ich die Idee hervorbringe – dann brauchen wir in diesem Impuls, in diesem Anschauen, in diesem Denken des Denkens die Stimmung der *Ehrfurcht.*

Wir brauchen also drei Fähigkeiten, wir brauchen diese Offenheit des *Staunens*, wir brauchen die *fragende* Haltung, aber wir brauchen auch noch eine *Ehrfurcht* vor demjenigen, was wir da anschauen dürfen. Sie soll auch nicht zielgerichtet sein, diese Ehrfurcht. Auch sie muss einen eigentlich ganz durchziehen. Man muss *Ehrfurcht werden*, ganz. Das ist die Anschauung des Hervorbringens der Idee.

Sonst kann natürlich dieses reine Denken, das wir in die Anschauung bekommen, nie *mehr* werden als nur eine Anschauung des eigenen Intellekts, das bleibt es dann. Da sieht man zwar seine intellektuelle Tätigkeit, aber dasjenige, was dieses eigene Denken eigentlich sein kann, das kann es dann nicht werden, weil es eine technische Denkangelegenheit bleibt.

Ich habe in meinem letzten Buch, das ich im vorigen Jahr, als wir hier gewesen sind – obwohl nichts über die Tugenden darin steht –, und dann auch im Sommer, als wir noch einmal mit einer anderen Gruppe hier gewesen sind, vorbereitet habe – das Buch ‚Lebendiges Denken' –, versucht, die Annäherung an den Logos zu beschreiben. Dabei lernt man wirklich auch immer mehr, sich vorzustellen, dass das reine Denken – dass das *Er* ist. Aber das wird man natürlich nie schauen können, wenn nicht diese Stimmung der Verwunderung, des Staunens, diese fragende Haltung, ohne etwas hineinzubringen, und diese Stimmung der Ehrfurcht da sind. Und wenn wir etwas mehr erkennen lernen wollen von diesem reinen Denken, als wahrhaftiger Quelle der Menschlichkeit, dann brauchen wir diese drei Verwandlungen der Seele. Verwandlung in Staunen, Verwunderung, Verwandlung in Frage und Verwandlung in Ehrfurcht.

Teilnehmerin: Ist Er denn schon da, auch wenn ich in meinen Intellekt sehe? Er ist schon da?

Ja.

Teilnehmerin erneut: Dann ist es viel leichter, in diese Stimmung zu kommen, glaube ich, auch wenn man ihn nicht sieht, wenn man weiß: Er ist schon irgendwo sichtbar. Also ich glaube, das ist hilfreich, das zu wissen. Und hältst du dann nach ihm Ausschau, oder bleibst du bei dem reinen anschauenden Denken? Man könnte dort suchen gehen. Verstehst du, was ich meine? Wenn ich die Kraft hätte, dort zu bleiben und zu schauen, und ich wüsste, Er ist da, aber ich kann ihn nicht wahrnehmen, ich kann aber das Denken wahrnehmen, dann könnte ich ja beginnen, mich auf meinem Punkt zu drehen und in die Richtung zu schauen, in diesen Raum hinein, aber das macht man nicht...

Das sollte man eigentlich machen, aber nur in der Stimmung der Verwunderung, Frage und Ehrfurcht – und nicht auf der Suche, nicht so, nicht gezielt. Man kann es wissen, dass Er da ist, und dann doch diese wartende, fragende, staunende, ehrfürchtige Haltung in der Anschauung haben.

Teilnehmerin erneut: Ja, aber ich glaube, dass ich ganz schnell in diese Stimmung komme, ich muss ja, wenn ich es weiß. Jetzt hatte ich noch das Gefühl: Jetzt muss ich den Willen ins Denken bringen, versuchen, das auch noch anzuschauen, und jetzt auch noch in diese drei Stimmungen kommen; das ist dann wie Technik. Und wie komme ich da überhaupt hin? Muss ich jetzt erst ein Bild anschauen, um mich vielleicht in eine bestimmte Haltung zu bringen? Aber wenn ich weiß, dass dieses Wesen schon da ist, dann habe ich diese Stimmung, weil, das geht ja gar nicht, fast, also für mich geht das nicht anders, als sich Ihm so zu nähern, in diesen Stimmungen – und das ist sehr hilfreich.

Es kann auch geschehen, ohne dass man das weiß, indem man so mit diesen Inhalten umgeht, dass man sie ernst nimmt und es auch immer wieder so ernst versucht. Dann kommt ein Augenblick, wo das Hervorbringen der Idee wirklich anschaulich wird. Und in diesem Moment kann das wirklich das Schauen von Christus in der ätherischen Welt sein, als eine Wirklichkeit.

Teilnehmerin erneut: Darf ich dich noch etwas fragen. Sind denn in diesem Raum auch die Hüter der Schwelle, sind die auch dort?

Man muss sich vorstellen, dass dasjenige, was zwischen der Verwunderung und dem Fragenkönnen liegt, dass das der Hüter der Schwelle ist – diese ganze Versuchungsproblematik, die Begegnung mit Kundry und Klingsor, wenn man bei dem Bild bleibt, man kann es natürlich auch anders sagen. Das Erkennen der menschlichen *Schwäche* und alles, was damit zusammenhängt, das ist der Hüter der Schwelle, und das ist eigentlich der Prozess, den man durchmacht, um zu diesem Schauen kommen zu können. In diesem Sinne steht der Hüter da. Wenn man den Weg so geht, mit diesem Anschauen des Denkens, ist es sehr der Prozess selbst, der der Hüter ist. Wenn ich nicht weiterkomme, abirre und so weiter, dann ist das der Hüter.

Teilnehmerin erneut: Habt ihr denn das Gefühl, dass die Menschen schon so weit sind? Mir kommt es manchmal so vor, als wenn sie [die höheren geistigen Wesen] uns bis zu diesem Punkt geführt haben, und jetzt sind wir frei. Und manchmal weiß ich gar nicht, ob der Mensch überhaupt alle Fähigkeiten hat, sich dorthin zu entwickeln.

Ja, aber da liegt auch wiederum eine Irrtumsmöglichkeit: dass man meint, dass der Mensch so weit gekommen ist, dass er es kann, dass er es dann auch tut, oder dass es auch problemlos gemacht wird. Man kann sich vorstellen, dass es überhaupt nicht problemlos geht, dass da eine ganze Welt von Chaos und Schwierigkeiten und Untergangserscheinungen liegt. Aber dieser Zweifel, der gehört auch dazu. Dass wir die Möglichkeit der Freiheit haben, bedeutet, dass wir sie entwickeln können. Aber das ist gerade die Freiheit, dass wir sie auch nicht entwickeln können. Es muss durch Einsicht getan werden, man muss es einsehen – und schon das ist ein Kampf, so weit zu kommen, dass man das einsieht.

Teilnehmerin: Kann der Christus im Ätherischen auch gesehen werden, ohne das reine Denken zu entwickeln?

Ja. Ich habe in Hamburg darüber gesprochen, und bei der Vorbereitung erinnerte ich mich an zwei Bücher, die in den 80er Jahren in den Niederlanden erschienen sind. Da gab es einen Hausarzt, der bekam den Impuls, seine Patienten zu fragen: Haben Sie je einen Engel gesehen? Und, ja, es gab wirklich unglaubliche Reaktionen, die er bekam. Das erste Buch enthält vor allem die Berichte der Patienten, das zweite Buch enthält das, was folgte, als er eine gewisse Bekanntheit bekommen hatte und dann darüber viele Briefe bekam. Das Drama ist natürlich, dass man dann ‚Engel' sagt und eigentlich nicht erkennt, dass es der Christus im Engel ist. Aber es ist zugleich sehr deutlich, dass das genau jene Ereignisse sind, wo Er nicht immer als physisch sichtbare Erscheinung, sondern auch als Prozess auftritt, dass etwas geschieht, unsichtbar, was dann eine Katastrophe verhindert. Das wird wirklich als ein wesenhafter Eingriff erlebt, also dass etwas Unmögliches geschieht, wodurch die Katastrophe *nicht* geschieht.

Teilnehmerin erneut: Aber es ist dann nichts Andauerndes, weil man sich nicht selbst hingearbeitet hat?

Ja, insoweit andauernd, als diese Menschen dann meistens eine Lebenswandlung durchmachen, so wie es auch bei Nahtoderlebnissen der Fall ist, dass sie sich wirklich ganz ändern.

Es wäre gut, wenn ihr aus diesen paar Zeilen aus ‚Goethes Weltanschauung', die hier stehen, eine Art Meditation machen würdet, so dass sehr deutlich wird, was da eigentlich steht, und man das dann letztendlich auch verinnerlichen kann – dass man sehen kann, anschauen kann, dass man *die Idee hervorbringt*, und dass in dieser *Anschauung des Hervorbringens der Idee* die *Zweiheit aufgehoben wird* und eine Einheit entsteht, zwischen Wirkendem und Bewirktem. Und wenn man dies noch nicht tun kann, kann man dennoch versuchen, es zu verstehen und so zu denken, dass wir es durch die Stimmung der Verwunderung, der fragenden Haltung und der Ehrfurcht tun.

Wir können es jetzt versuchen, mit Betonung der Ehrfurcht. Wenn man versucht, dies nachzudenken, dann bringt man die Idee hervor. Also man müsste da eigentlich schon einen Punkt haben, wo man sich diese Tätigkeit in die Anschauung bringen kann. Wir versuchen, dies zu denken, und zwar mit diesen *drei* Stimmungen.

Es wird meditiert.

Gut. Dann gehen wir heute Mittag als Pilger wieder weiter. Und jetzt wollen wir noch versuchen, Schubert zu singen. (Das Credo aus der ‚Deutschen Messe'). In dieser Musik sind diese Stimmungen sehr deutlich darinnen. Man kann darin wirklich diese ehrfürchtige, gläubige, seelische Stimmung erleben. Es ist keine wirklich geistige Musik, es ist seelische Glaubensmusik. Und das brauchen wir dann als äußerliche Erscheinung für die Ehrfurcht, könnte man sagen.

SECHSTE STUNDE

Für den Spruch, den wir jetzt machen werden – sprechen und machen –, brauchen wir die Ehrfurcht sehr.

Wir müssen uns dabei zwei Dinge vorstellen. Das Eine ist, dass Rudolf Steiner in einem seiner Vorträge über Eurythmie dargestellt hat, dass, wenn man das ganze Alphabet auf einmal, also ohne Verlauf in der Zeit, sondern zu gleicher Zeit, alle Buchstaben zugleich, durch Eurythmie zeigen könnte, dass dann die menschliche Gestalt, der menschliche Ätherleib sichtbar werden würde. Das können wir natürlich nicht, wir brauchen die Zeit, wir können nicht alle Buchstaben auf einmal, zu gleicher Zeit, sichtbar machen. Aber es ist natürlich doch ein wunderbarer Hinweis, dass da das menschliche Wort sichtbar wird, wenn das ganze Alphabet gesprochen wird. Das ist das Eine.

Das Andere ist, dass Rudolf Steiner diesen Spruch aufgeschrieben hat, dass er ihn aber bei Eliphas Levi gefunden hat. Und dieser beschreibt, dass er ihn wiederum aus der jüdischen esoterischen Literatur, aus der Überlieferung bekommen hat. Also wir haben hier einen Spruch, der sehr alt ist, der in der jüdischen Spiritualität seinen Ursprung hat, dann durch Eliphas Levi aufgeschrieben worden ist, mit hebräischen Buchstaben, und dann durch Rudolf Steiner, ja, eigentlich ergänzt wurde. Er hat es Teil für Teil anders gesagt, etwas reicher in Worte gefasst, und er hat die vier Vokale hinzugefügt. A war schon da, aber E, I, O und U hat er hinzugefügt. So haben wir dann dieses Ganze.

Und wir können darin etwas erahnen, das für uns sehr wichtig ist, denn es ist eine Beschreibung des eigentlichen Menschenwesens, so, wie es von Gott geschaffen worden ist und in jedem von uns leben kann. Und man könnte sich vorsichtig vorstellen, dass man dieses Wesen vielleicht auch Anthroposophia nennen könnte. Rudolf Steiner hat mehrmals gesagt: Anthroposophia darf man nicht als eine Bücherweisheit oder eine Lehre verstehen, sondern sie ist ein Wesen, ein wirkliches Wesen, das wir als Menschen in uns aufnehmen können. Und das tun wir natürlich nicht, wenn wir nur Anthroposophie studieren, dann haben wir eine Berührung mit diesem Wesen. Aber das wirkliche Aufnehmen in sich ist noch etwas ganz anderes. Und deshalb kann man vermuten – und für mich ist das nicht einmal mehr nur eine Vermutung –, dass dieser Spruch eine Verbindung mit dem reinen Denken und mit demjenigen hat, was aus diesem reinen Denken erwächst, was daraus wird, wenn es weiter wachsen kann.

Wir sind natürlich nicht daran gewöhnt, Erkenntnis als etwas Wesenhaftes anzusehen. Erkenntnis ist für uns Gedankenmaterial, das vielleicht auch noch erlebt werden kann – aber dass Erkenntnis ein Wesen ist, sein kann, ja, daran muss der moderne Mensch sich doch gründlich gewöhnen, das ist für uns nicht so einfach zu verstehen. Aber hier in diesem Spruch wird uns etwas gegeben, was uns in Berührung mit dem eigentlichen Menschenwesen bringt, wie es von Gott geschaffen wurde. Und wir brauchen dann die Ehrfurcht sehr, um uns damit auseinandersetzen zu dürfen.

Neben der Eurythmie ist noch eine andere Möglichkeit, das ganz innerlich zu tun; da wird es eine Meditation, und dann muss man die verschiedenen Teile des Spruches mit den Lauten durchsetzen. Also man spricht sie, aber spricht sie nicht. Man bringt sie bis an die Sprachorgane, damit diese Sprachorgane fast sprechen, aber man spricht nicht. Und dann hat man diese Laute mehr gedanklich dabei, und es wird eine Meditation.

Zuerst schauen wir den Spruch an:

In dir lebt das Menschenwesen A
Das Gott von Angesicht zu Angesicht schauet, das ewig ist,
Und das im Kreise der sieben großen Geister ist.

Es ist über allem, was in dir B
zornig oder furchtsam ist

E

Es herrschet mit den Kräften der obern Welt G
(Gamma = C)

Und ihm dienen die Kräfte der untern Welt

I

Es verfügt über sein eigenes Leben und seine D
eigene Gesundheit und kann das auch bei andern

O

Es kann durch nichts überrascht; von keinem Missgeschick H
befallen werden; es kann nicht in Verwirrung gebracht und
nicht überwunden werden

U

Es kennt die Wesenheit des Vergangenen, Gegenwärtigen V
und Zukünftigen

Es hat das Geheimnis der Erweckung vom Tode und von der Z
Unsterblichkeit im Besitz.

Und jetzt wollen wir es mit Eurythmie machen.

Raphaela:

Also, es sind ja Vokale und Konsonanten. Die Vokale sind ein seelisches Erleben und die Konsonanten ein Nachbilden der Gegenstände, ein Miterleben des Äußeren.

Der erste Laut ist ein A, das ist der sich verwundernde Mensch, der erstaunende Mensch. Rudolf Steiner sagt auch: der Mensch, der sich über sein wahres Wesen verwundert. Ja, machen wir das.

‚In dir lebt das Menschenwesen, das Gott von Angesicht zu Angesicht schaut, das ewig ist und das im Kreis der sieben großen Geister ist.'

Als nächstes kommt das B, das ist ein Umhüllendes, auch eine Schutzgebärde, man baut sich wie ein Haus. Machen wir das mit dem Text.

‚Es ist über allem, was in dir zornig oder furchtsam ist.'

Dann kommt das E, das heißt zwei verschiedene E; zuerst das E der Ehrfurcht, das ist dieses E, und dann kommt das andere E, das Sich-Wehren, das Sich-Aufrechterhalten. Machen wir das nochmal, das ist zwischen dem Text. Ehrfurcht und Sich-Wehren, Sich-Aufrechterhalten, gut die Kreuzung spüren, die Berührung der Arme.

Dann kommt das G, das ist ein innerliches Sich-Befestigen, also das Äußere wie wegschieben und dem Inneren Raum geben.

‚Es herrscht mit den Kräften der oberen Welt und ihm dienen die Kräfte der unteren Welt.'

Und dann das I, mit Freude und Licht in die Höhe streben. Selbstbehauptung.
Noch einmal. I – Selbstbehauptung.

*

Dann entstand die Wirklichkeit des durch den Sündenfall gegangenen gegenwärtigen Menschen, wie ihn Rudolf Steiner in der sechsten Klassenstunde offenbart.

Im gewöhnlichen Willen kann der Mensch seine eigene Tierheit erleben lernen. Wenn wir mit dem Willen im *Erden-Element* tätig sind, lernen wir als meditierende Menschen die eigene Tierheit als Wille kennen. Wahrhaft Mensch ist der Mensch im Wollen nur, wenn sich dieses mit dem reinen Denken verbindet. Im Fühlen wiederum, das mit dem *wässrigen Element* zusammenhängt, ist der Mensch träumend, vegetierend, pflanzenhaft. Auch hier muss der Mensch sich erst die wahrhaft menschliche Wachheit erringen. Das Denken schließlich ist mit dem *Luftelement* verwandt. Hier jedoch droht immer wieder die kalte Erstarrung, in der der Mensch sich nicht vom Mineralhaften lösen kann. Diese Erstarrung muss sich in Geistesfeuer verwandeln.

Das gewöhnliche Denken, Fühlen und Wollen ist auf der anderen Seite nur die gespiegelte Realität der eigentlichen Wirklichkeit des Lichtäthers, des gestaltenden Klangäthers und der gewaltigen Kraft des Lebensäthers. Diese hohen, erhabenen Ätherkräfte kommen in unseren gewöhnlichen Seelenfähigkeiten gleichsam unendlich trivialisiert zur Erscheinung.

Im Denken leben wir in bloßem Schein und so eigentlich immer in der Unwahrheit, nie in den wirklichen Lichtätherkräften. Erlösend wirkt für das Denken das wirkliche Umgehen mit den Nöten der Erde. Das Gefühl, das sich in trivialen Empfindungen und auch in bloßes Selbstgefühl verstrickt, wird geläutert, indem es sich in Liebe zu allem verwandelt, was auf Erden wertvoll ist. Auf diese Weise lernt es, lebendig in den weltgestaltenden Kräften zu leben. Das Wollen wiederum wird verwandelt, indem der Mensch es dem Geist zur Verfügung stellt und sein eigenes Wollen in Geistergebenheit verwandelt.

Wenn dieser Weg der Läuterung gegangen wird, dann wird der Hüter der Schwelle sagen können, was Rudolf Steiner in der siebten Klassenstunde beschreibt: *Tritt ein, das Tor ist geöffnet. Du wirst ein wahrer Mensch werden.*

SIEBENTE STUNDE

‚Wesen reiht sich an Wesen in Raumesweiten.
Wesen folgt auf Wesen in Zeitenläufen.
Verbleibst du in Raumesweiten im Zeitenlaufe,
So bist du, o Mensch, im Reiche der Vergänglichkeiten.
Über sie aber erhebt deine Seele sich gewaltiglich,
Wenn sie ahnend oder wissend schaut das Unvergängliche
Jenseits der Raumesweiten, jenseits der Zeitenläufe.' [4]

Pfingsten ist das Fest der Befreiung, und in diesem Sinn versuchen wir dann wiederum, diese vier Tage so zu gestalten, dass das nicht nur Worte bleiben, sondern dass da auch in gewissem Sinn eine Art von Befreiung Wirklichkeit wird. Und dieses Wesen der Freiheit, das haben wir dann in Worten kennengelernt in dem Zitat aus ‚Goethes Weltanschauung', wo Rudolf Steiner die Freiheit beschreibt als eine Tatsache, die sich einstellt, wenn der Mensch zu der Anschauung der eigenen tätigen Hervorbringung der Idee kommt. Er bringt tätig die Idee hervor, und wenn er dieses Hervorbringen anschauen kann, dann fühlt der Mensch die Freiheit. Und das wird dann in diesem Spruch mehr allgemein gesagt:

‚Über Zeit und Raum erhebt die Seele sich gewaltiglich, wenn sie ahnend oder wissend schaut das Unvergängliche jenseits der Raumesweiten, jenseits der Zeitenläufe.'

Um die Kontinuität dieser Tage zu haben, werde ich noch einmal kurz versuchen, wiederum zusammenzufassen, was wir bis jetzt in unseren Seelen versucht haben.

Zuerst haben wir einen Text gelesen und versucht, diesen Text in Gedanken innerlich wiederzugeben und dann diese Gedanken in eine

---

[4] Rudolf Steiner, Wahrspruchworte, GA 40, S. 77.

Art von Stimmung einzubetten, die Stimmung des Erstaunens. Das haben wir dann verwandelt, nicht so, dass das Erstaunen nicht mehr da wäre, sondern so, dass zugleich auch die fragende Haltung mehr eine Offenheit im Denken bedeutet, dass diese fragende Haltung die mit Kraft gebildeten Gedanken begleitet. Und mit Kraft werden sie sowieso gebildet, weil wir uns anstrengen mussten, um diesen Text wie auch immer doch wiederum in Gedanken zu fassen. Das geht nicht so leicht, und weil es nicht so leicht geht und einer Anstrengung bedarf, haben wir eine Kraft des Denkens aufgebracht. Wir haben die Ideen hervorgebracht, die wir in diesem Text gefunden haben, und es geht nicht darum, dass wir die Freiheit erleben, weil wir selbst Ideen bedacht haben, sondern es geht darum, dass wir die Freiheit erleben, weil wir tätig selbst die Ideen hervorbringen, die schon da waren. Also man braucht nicht zu denken, dass die Freiheit bedeutet, dass man etwas Neues bedenken muss, darum geht es nicht. Es geht darum, dass man sich bewusst wird, dass bei jeder Hervorbringung einer Idee *das Ich in Tätigkeit versetzt werden muss.* Das geht nicht von selbst, die gewöhnlichen Gedanken kommen von selbst, diese Gedanken kommen nicht von selbst, da muss man innerlich aktiv werden. Und wir haben dann versucht, diese innerliche Tätigkeit erstaunend und fragend anzuschauen.

Dann haben wir gestern diese erstaunende, fragende Anwesenheit, die wir sind, wiederum vertieft, indem wir versucht haben, auch noch die Ehrfurcht als Stimmung zu haben.

Damit sind wir eigentlich an einen Punkt gelangt, wo der Raum und die Zeit aufhören, eine Bedeutung zu haben. Selbstverständlich verläuft die Hervorbringung der Idee noch in der Zeit, schon nicht mehr im Raum, aber noch immer in der Zeit. Doch wenn darüber hinaus versucht wird, erstaunend, fragend, ehrfürchtig diese Hervorbringung *anzuschauen*, dann ist auch die Zeit nicht mehr im gewöhnlichen Sinne da. Man könnte sagen, die Zeit wird zum Raum. Aber dann ist es nicht mehr sinnlicher Raum, dann ist es seelisch-geistiger Raum geworden. Denn man überblickt da etwas, was in der Zeit verläuft.

Deshalb ist es so schwierig, weil normalerweise etwas, was in der Zeit verläuft, nun einmal verlaufen ist, wenn es vorbei ist, und man dann nur noch zurückschauen kann, was passiert ist. So ist es im gewöhnlichen Denken, wenn wir innerlich eine Gedankenfolge hervorgebracht haben und nicht anschauend dabei waren und uns dann trotzdem bewusst werden wollen, wie wir eigentlich gedacht haben. Dann müssen wir ja etwas bedenken, was schon vergangen ist; das ist dann weg, man kann es vielleicht erinnern, aber es ist nicht mehr in der Aktualität da.

Wenn wir nun aber eine Gewohnheit bilden, in der Meditation immer wieder bewusst anzufangen, nicht so ohne weiteres, sondern uns bewusst zu werden, dass wir Menschen sind, die die Fähigkeit haben, Ideen hervorzubringen, und dann erstaunend, fragend, ehrfürchtig bei dieser hervorbringenden Tätigkeit dabei sind, dann sind wir zu gleicher Zeit anwesend, dann ist eine Aufmerksamkeit auf die hervorbringende Tätigkeit da, während das Denken sich vollzieht. Dann ist man in der *Aktualität* als denkendes, anschauendes Wesen in, bei der denkenden Tätigkeit dabei. Und man hat dann auch die richtige Stimmung, die notwendig ist, wenn das Freiheitsdenken noch etwas mehr werden soll als nur ein Erleben einer doch noch immer mehr oder weniger gewöhnlichen Denktätigkeit.

Wir versuchen also, diese Fähigkeit der Hervorbringung der Idee, die wir als Menschen haben, mit diesen drei Haltungen anzuschauen. Und wir können das über längere Zeit tun – das braucht nicht in der Meditation so lange zu sein, aber man braucht viel Zeit, muss viele Male üben, um da standhalten zu können. Denn zuerst ist es schon schwierig, im Denken selbst konzentriert vorzugehen. Das haben wir natürlich bemerkt, als wir so einen Text, den wir am ersten Tag gelesen haben, versuchten, aufmerksam, intensiv, konzentriert zu lesen. Wir merken dann, dass das Denken wie ein Pferd unter uns hinweggaloppieren will, und da braucht man also eine Art Reitkunst, um das in die Hand zu bekommen. Da liegt schon eine Schwierigkeit. Und wenn man das dann allmählich ein wenig meistert, ist es noch immer so, dass man, wenn man dann noch versucht, das auch anzuschauen, in eine starke Ohnmacht hineinkommt, weil nun einmal die Seele daran gewöhnt ist, in der Zeit zu leben. Sie will nicht aus der Zeit heraus, denn das bedeutet eine Art von Sterbeerlebnis.

Wenn man aus Raum und Zeit herausgeht, ist man eigentlich in einem Sterbeprozess darinnen. Die Seele wehrt sich gegen dieses Verlassen der Zeit. Man muss dann so stark werden, dass man es ertragen kann, sich mit diesen drei inneren seelischen Haltungen außerhalb der eigenen Tätigkeit zu stellen und dann die eigene Tätigkeit als Denker gleichsam zu begleiten, aber als erlebender Denker, nicht einfach als technischer Denker. Es ist eine erhabene Anschauung, das muss man allmählich erleben lernen. Und man kann sagen, dass man in seinem Erdenleben dasjenige nachbildet – oder vorbildet, könnte man besser sagen –, was dann im Tod sich wirklich ereignet: dass man seinen Ätherleib in die Anschauung bekommt und dann das Lebenstableau hat. Da wird die Zeit auch zum Raum, da breitet sich dasjenige, was im Leben in der Zeit verlaufen ist, gleichsam zu einem großen Überblick aus. Das sind die ersten drei Tage nach dem Tod. Das ist es, was wir tatsächlich tun, wenn wir versuchen, das Denken erstaunend, fragend, ehrfürchtig anzuschauen.

Bei Wagner, in seinem ‚Parsifal', ist das ein wichtiger Schritt während des ersten Ganges zur Gralsburg, wo Gurnemanz und Parzival sich auf den Weg zu der Burg begeben und Parzival dann verwundernd sagt, dass er eigentlich nicht mehr das Gefühl hat zu schreiten. Die Zeit wird da also schon weniger Zeit. Das Schreiten ist ja wirklich ein Zeitgeschehen, und jetzt fühlt er: ich schreite kaum. Und dann sagt Gurnemanz, dass da, wo sie hingehen, die Zeit zum Raum wird.

Wir haben hier im Laufe von vier Tagen die Gelegenheit, weiterzugehen in dem Erleben des Denkens, so dass wir dies nicht nur als eine gewöhnliche Erkenntnistätigkeit erkennen, sondern allmählich die Erkenntnis der Erkenntnis, das Anschauen der Hervorbringung der Idee, immer mehr zu einem okkulten Erleben wird – dass es eine okkulte Tatsache ist, die man da erlebt, nicht ein Spiel mit philosophischen Begriffen, sondern wirklich eine erhabene Anschauung.

Dann haben wir gestern Mittag die ersten Schritte auf dem Weg gemacht, dieses reine Denken, das wir allmählich in einer Lebendigkeit erleben, wenn wir es anschauen können, so gestalten zu lernen, dass wir in diesem Denken die Elemente und die Ätherarten ... ja, entstehen lassen, könnte man sagen. Man sollte sie eigentlich nicht gewöhnlich denken, sondern man sollte innerlich einen solchen Prozess vollbringen, dass auch etwas Wirkliches erlebt werden kann.

Wir sind von der *Wärme* ausgegangen, als der eigentlichen menschlichen Mitte, wo der Mensch wirklich Mensch ist. Ich habe dann auf die Wärme-Meditation hingewiesen, und wir haben versucht, uns so real wie möglich vorzustellen, wie die Wärme dadurch, dass sie sich verdichtet, zur *Luft* wird und dadurch, dass sie sich vergeistigt, zum *Licht* wird. Wir haben die Mitte in der Wärme, und eine Stufe tiefer entsteht die Luft, eine Stufe höher entsteht das Licht. Wir haben versucht, ausgehend vom reinen anschauenden Denkerlebnis, die Warme zu meditieren und dann verdichtend die Luft und ‚verlichtend', erleuchtend, erleichternd, das Licht.

Wenn wir die vorirdischen Verkörperungen der Erde bedenken, können wir sagen: Der Anfang der Menschwerdung liegt in der Wärme, so wie dies auf dem alten Saturn das Hauptelement war, das einzige auch. Und wenn die Entwicklung dann weitergeschritten ist zur Sonne, wo dem Menschen neben einem physischen Leib auch ein Ätherleib gegeben wurde, können wir sagen: Da finden wir diese Verdichtung zur Luft und diese Vergeistigung zum Licht, das ist die Stufe der alten Sonne.

Dann können wir in der dritten Entwicklungsstufe, wo den Menschen das Astralische, das Seelische, gegeben wurde, wiederum einen Schritt weitergehen, indem wir uns vorstellen, wie sich die Luft weiter zum *Wasser* verdichten kann und wie sich das Licht weiter zum *Klang* vergeistigen kann. Und diesen Klang darf man dann nicht als gewöhnliches Tönen auffassen, sondern wie es Pythagoras beschrieben hat – dass der Klang mit der Zahl zusammenhängt und dass da ein ordnendes Prinzip wirkt, also *Ordnung* liegt in dem Klang. Das ist dann die Stufe des alten Mondes.

Bis zur *Erde* und zum *Lebensäther* kommen wir erst, nachdem wir uns in den Anfang der Erde vertieft haben.

Da erklingt dieser Spruch, den wir am Nachmittag gehört und mit der Eurythmie auch getan haben, eine ursprüngliche, göttliche Idee des Menschen.

Wir kennen diese Idee auch als Adam Kadmon, und wir kennen diese Idee aus Rudolf Steiners Vortragsreihe über das Lukas-Evangelium, wo er beschreibt, dass die ursprüngliche, reale Idee des Menschen vom Sündenfall ferngehalten worden ist, also nicht in die Sünde mitgegangen ist, sondern bewahrt geblieben ist. Es ist also eine Wesenheit. Diese Wesenheit hat einmal auf Erden dann noch gewirkt, in Krishna. Dann ist sie in dem nathanischen Jesus erschienen, im Jesus des Lukas-Evangeliums, wo die Hirten auf dem Felde hören: Gloria in excelsis deo. Und Steiner beschreibt, wie diese Engelschar, die die Hirten gesehen haben, zugleich das Wesen von Buddha ist. – Wir haben dann Adam Kadmon, könnte man sagten, die Adamseele, die nicht in den Sündenfall mitgegangen ist, die auch Krishna gewesen ist und die jetzt der nathanische Jesus ist, umstrahlt vom Wesen des Buddha.

Das ist die eine Menschheitsidee, wesenhaft. Die andere ist der Mensch, der durch den Sündenfall hindurchgeht und der dann die Weisheit aufnimmt. Dieser Mensch bleibt nicht rein, sondern geht wirklich in das Irdische hinein und formt gleichsam alles, was ihm da begegnet, in Weisheit um. Das ist die Zarathustra-Wesenheit, die dann durch viele Inkarnationen hindurchgeht und die als der salomonische Jesus im Matthäus-Evangelium erscheint.

In der Anschauung des Denkens, kann man sagen, hat man einerseits den Keim des Zarathustra-Wesens, in der Wesenheit des Denkens, das das Weisheitselement ist. Aber die anschauende Tätigkeit ist diese reine, nicht durch die Erbsünde hindurchgegangene, sich verwundernde, offene, fragende, ehrfürchtige, reine Seele. Das sind wir natürlich nicht. Aber wir bewegen uns in diese Richtung, indem wir diese Übungen machen.

Und wir sollten eigentlich aufhören, diese Dinge nicht als Wirklichkeit anzusehen, sondern nur als Begriffe oder schöne Erzählungen oder wunderbare Vorträge... Man muss das allmählich doch wirklich als eine Tatsache anschauen lernen, die auch *in uns* da sein kann. Das reine Denken, das sich zu einer erstaunenden, fragenden, ehrfürchtigen Anschauung der Tätigkeit der Hervorbringung der Idee erhebt, ist eine erhabene Tatsache. Und indem wir die Elemente und die

Ätherarten zu erleben versucht haben, haben wir eigentlich die planetarischen Stufen der Entwicklung der Erde erlebt.

Nach der Mittagspause habe ich die sechste Klassenstunde von Rudolf Steiner – nicht als Spruch, sondern als wesentliche Mahnung, könnte man sagen, eine Mahnung, die der Hüter der Schwelle spricht – besprochen, damit wir zugleich innerhalb der *Ahnung der Erhabenheit* auch wissen, was dazwischen liegt – zwischen dem gewöhnlichen Menschen, der im Alltag lebt, und dieser wirklich erhabenen Tatsache der Anschauung des Denkens. Dass wir das nicht so sehen; dass wir das reine Denken auffassen können als eine etwas bessere Form des Denkens, die wir entwickeln können und dann bedenken können und so zu einer Wissenschaft der Logik oder so etwas kommen können, das ist Vorstufe. Aber das ist doch zugleich auch ein Zeichen, wie profan der Mensch in seinem Inneren denkt und was er alles zu überwinden hat, um diese erhabene Wesenheit des Denkens wirklich zu erkennen.

Wenn wir eine Entwicklung in diesem Sinne durchmachen, dann *durchsetzen wir das Wollen*, das mit dem *Irdischen* zu tun hat, unser Wollen, das durch Taten in die Erdensubstanz eingreift, immer mehr *mit dem Denken*. Dann wird der Schreck immer größer, dass dasjenige, was wir als menschliches Wollen zu haben meinten, eigentlich eine Tierheit ist. Davon könnte man so erschrecken, dass man das Streben aufgibt. Aber man müsste dem natürlich eigentlich tapfer ins Auge sehen und dann aus diesem Schreck heraus gerade den Mut entwickeln wollen.

Wenn wir uns dann in das *Wässrige* hineinleben – wir können das in Gedanken leichthin tun, wir nehmen die Wärme in der Mitte und denken dann Verdichtung und Vergeistigung; aber wenn wir *wirklich* in das Wässrige hineingehen – dann merken wir, dass es das Element des Fühlens ist. In diesem *Fühlen* können wir nur träumen. Es ist uns überhaupt nicht möglich, darin wach zu bleiben. Wir leben da ein Pflanzendasein, nicht ein menschliches Leben. Aber gerade das Erleben dieser Erlahmung führt dann dazu, dass diese Wachheit im Fühlen entwickelt wird.

Und wenn wir dann das *Luftartige* erleben und wir sind in der inneren Entwicklung darinnen, dann bemerken wir, dass da das *Denken* sich bildet. Gedanken bilden sich in dem luftartigen Element. Das führt auch dazu, dass wir, wenn wir in einen Raum kommen, bestimmte Dinge erleben können, weil Gedanken in der Luft darinnen sind. Gedanken bilden sich in der Luft. Aber wenn der Wille sich mit dem Denken vereinigt – und das streben wir in der Meditation natürlich doch an –, dann kann es Augenblicke geben, wo man sich überhaupt nicht als denkender Mensch erlebt, sondern wo man das Denken als kalt erstarrten Stein erlebt. Da wird das Denken steinhart. Und nur dadurch, dass wir dieses steinharte Sein der Gedanken aushalten, kann die eigentliche Bedeutung der Gedanken erlebt werden, und das ist: Geistesfeuer.

Wenn wir von der Wärme ausgehend in eine Vergeistigung hineingehen und in dem Lichtäther-Wesen das Denken erleben, dann wird es schmerzlich erlebbar, dass wir da nur Gedanken haben, keine Äthererfahrung. Wir erfahren in dem Lichtäther nur Gedanken. Im Lichtäther sind die Gedanken, aber da sind sie lebendige Gebilde, wirksame Gebilde, auch von einem wesentlichen Gehalt. Was wir als Gedanken haben, das ist nicht wahr. Wir können zum Beispiel ganz triviale Gedanken haben, die in der ätherischen Welt von hoher Bedeutung sind – bei uns wird das alltäglicher Gedanke. Wir erfahren, dass die schöpferischen Lichtäthergedanken in uns nur Gedanken sind und dadurch *nicht wahr*. Dasjenige, was wir als Gedankenwesenheit in uns erleben, das ist dadurch ein unwahres Geisteswesen, das ist Selbstheitswahn. Das kann man in der Meditation auch einmal aufsuchen. Man kann warten, bis diese Erfahrungen kommen, aber man kann das auch aufsuchen anhand dieser Beschreibungen, so dass man seine Gedanken anschaut – jetzt nicht das Hervorbringen der Idee, sondern das gewöhnliche Gedankenleben – und sich dann sagt: Dasjenige, was du als trivialen Gedankeninhalt in dir hast, das ist in der Lichtätherwelt wirklich geistig Bedeutsames. Und diese Erfahrung mit der Abbildwirkung der Ätherkräfte ist dann etwas, was Scham aufrufen kann. Man schämt sich, dass dasjenige, was so hoch und erhaben ist, derart trivial werden kann.

Wenn wir dann weitergehen zu einer noch höheren Verdünnung der Ätherkräfte, kommen wir dahin, wo der Klangäther ist, wo dessen ordnendes Prinzip herrscht, das ist Weltenform, Weltgestaltung. Alles, was auf Erden gestaltet ist, erhält diese Gestalt aus dem Klangäther. Dies hinterlässt in uns nur Gefühle. Wenn wir uns unseres Gefühlslebens bewusst werden und versuchen, zu erleben, was wir alles fühlen, können wir darauf zurückschließen, dass unsere Gefühle Äußerungen, Abbildungen – triviale Abbildungen meist auch wiederum – des Klangäthers sind, wo das ordnende Prinzip wohnt. Und dann erlebt man, dass man da, wo man eigentlich das Selbstgefühl hat, auch wieder etwas sehr Triviales hat und dass das eigentliche, geistige Selbsterleben dadurch erstickt wird.

Wenn wir dann noch weiter in die Verdünnung gehen, bis in das *Weltenleben* hinein, erreichen wir ein für das gewöhnliche Bewusstsein gefährliches Gebiet, denn in diesem *Lebensäther* wohnt eine so starke Kraft, dass wir das ohne Vorbereitung überhaupt nicht ertragen würden. Und wir haben in uns ein Abbild davon: das ist das Wollen. – Wir würden uns selbst verlieren in Geisteslust, wenn das Weltenleben uns voll erfassen würde.

Es werden dann drei Mahnungen gegeben, drei Heilmittel, die Aufgaben sind, wodurch dasjenige, was bei dem Einleben in die ätherische Welt problematisch ist, ins Gleichgewicht gebracht wird. Weil es um Verflüchtigungen geht, um etwas, was immer geistiger wird, brauchen wir *Erdenschwere* als Gleichgewicht. Um das Denken in eine Wirklichkeit verwandeln zu können, brauchen wir auf dem inneren Entwicklungsweg eine Besinnung auf die *Nöte der Erde*, auf die Notwendigkeit, die Not. Um unsere Gefühle aus der Trivialität, aus der Selbstsucht zu erlösen, brauchen wir eine *Liebe zu den Werten der Erde*. Für das Wollen müssen wir uns so erziehen, dass wir nicht als Automaten unsere Handlungen vollführen, sondern dass wir geistergeben sind; dass nicht die Impulse der irdischen Begierdenwelt zum Handeln treiben, sondern dass die *Geistergebenheit* das Wollen impulsiert. Impulse, die aus der Geistergebenheit empfangen werden.

Im ‚Pädagogischen Jugendkurs' hat Rudolf Steiner diese drei Dinge in einer anderen Art ausgedrückt. Da spricht er darüber, dass in der heutigen Zeit – in der damaligen Zeit, heute ist es natürlich noch schlimmer – das Denken zur *Phrase* geworden ist, also dass gar keine wirklichen Gedanken gedacht, sondern nur Phrasen nachgesprochen werden. Man übernimmt, was üblich ist. Das werden die Gedanken, und dann ist es Phrase geworden. Und im Umgang, in der Begegnung der Menschen, ist die Begegnung konventionell. Da wird die Begegnung auf *Konventionen* hin gestaltet. Da ist das Ursprüngliche eigentlich nicht da. Der Mensch muss eigentlich von Ich zu Ich stehen, aber weil er das nicht wagt, weil er keinen Mut dazu hat, verfällt er in Phrase, in Konvention und in *Routine*. Routine ist dann die Handlungsart. Wenn man Handlungen verrichtet, ist man nicht geistergeben, sondern man macht, was man immer macht. Bestenfalls ist dann ein wenig Denken dabei, Aufmerksamkeit. Routine ist eigentlich noch viel weniger bewusst, da wird automatisch gehandelt und das Denken widmet sich anderen Dingen.

Und wenn man dann über *Werte* spricht... Es wird von Rudolf Steiner in seinen grundlegenden Werken besprochen, wie wir uns so erziehen sollten, dass wir dem anderen Menschen ohne Urteil gegenüberstehen könnten. Dass wir also nicht urteilen, überhaupt nicht, keine Werturteile haben, sondern ganz schweigen können. Nicht nur hier... Und wenn man das entwickelt, dann erst kommt der *wirkliche Wert* zum Vorschein. Wert ist etwas, was man mit dem Gefühl erfasst, das fühlt man. Man urteilt auch mit dem Gefühl, es ist das eigene Gefühl, das umarmt oder Nein sagt. Erst wenn dies still wird, kann der wirkliche Wert sprechen. Das ist gemeint, das ist ‚Erdenwert'. Das gilt dann natürlich nicht nur für Menschen, sondern auch für Prozesse, für Natur, Kunst – überall, wo man gewöhnlicherweise mit seinem Gefühl urteilt, wird man dann empfindlich für die wirklichen Werte, und diese kann man ja lieben. Das ist es, was mit dieser mittleren Tätigkeit gemeint ist. Es ist zuerst eine Herrschaft über die eigene Gefühlstätigkeit, so dass diese wirklich schweigen kann. Und dadurch wird sie empfänglich für dasjenige, was außerhalb des eigenen Gefühls wertvoll oder auch nicht wertvoll ist. Und dann hat man sich natürlich vollkommen aus der Konvention gelöst, da steckt nichts mehr von Konvention darinnen.

Und schließlich die Geistergebenheit. Wenn wir das gewöhnliche Handeln betrachten, geschieht dieses zum Teil automatisch, zum Teil auch aus Liebe in all ihren Stufen. Die unterste Stufe der Liebe ist die Begierde. Diese kann sich immer mehr vergeistigen. Aber dass das Handeln auch wirklich geistergeben ist, das sieht man eigentlich nur bei dem Sakrament, also da, wo ein Priester ein Sakrament vollzieht. Da vollzieht er eine Handlung, aber dasjenige, was dieser Handlung entspricht, ist Geist. Wir müssen hier also bedenken, dass das Handeln, das Wollen, Sakrament werden muss – dass die Erde zum Altar wird, wo das Sakrament vollzogen wird. Das ist geistergeben. Und das gewöhnliche Handeln – es ist natürlich klar, dass dies so nicht geschieht. Wenn es wirkliche Liebe gibt, kommt man aber doch in die Nähe dessen.

*

Anthroposophia kann man dann als dasjenige Menschenwesen ansehen, das aus der ursprünglichen reinen Menschlichkeit dadurch entstanden ist, dass Christus auf die Erde gekommen ist, gestorben ist und auferstanden ist. Durch die Zeiten hindurch hat eine Entwicklung stattgefunden, wodurch es jetzt in unserer Zeit möglich ist, dass sich dieses Wesen des Menschen mit uns vereinen kann, dass es in uns hineinkommen kann. Es ist also nicht etwas, was wie ein Buch außerhalb steht und gelesen werden kann, sondern jeder Mensch hat dazu eine Beziehung, muss es aber *frei wollen.* Und dadurch, dass man weiß, wie man es machen muss, bekommt man dann auch eine wirkliche, bewusste Einwohnung dieses Wesens. Das kann man dann in diesem Spruch wiederfinden. Es ist nicht nur Weisheit, es geht viel weiter als Weisheit. Man kann sich vorstellen, dass in jedem Menschen dieses Menschenwesen wohnt. ‚*In dir lebt das Menschenwesen...*' Es ist aber auch klar, dass die Freiheit bedeutet, dass wir uns dieses Menschenwesens in uns nur frei bewusst werden können, wodurch es dann erst recht da ist. Wenn ich ein König wäre und wusste es nicht, so wäre ich kein König...

Wir dürfen uns vorstellen, dass es die Einwohnung des allgemeinen Menschenwesens ist, aber in der Art der Einwohnung doch individuell.

Und auf diese Art kommt es durch freies Wollen aus Einsicht zustande. Wir leben am Übergang in die Zeit der Freiheit. Also das ist das Neue, dass man sich auch mit diesem Menschenwesen bewusst verbinden muss, dass sich dies auf freien Entschluss gründet. Man kann es nicht in einen anderen Menschen hineinbringen. Früher konnte ein Hierophant noch bestimmte Dingen mit einem anderen Menschen tun. Jetzt ist es wirklich so, dass es auf freier Einsicht beruhen muss und dass man das deshalb für sich selbst macht. Aber zugleich wird dadurch, dass Menschen diese innerlichen Handlungen vollziehen, dies auch im großen Ganzen eine immer größere Möglichkeit, die dann gar nicht einmal damit zusammenhängt, ob es Prediger gibt – die brauchen wir dann nicht mehr.

Es wird eine Frage nach den Beziehungen der Kategorien des Aristoteles mit den Elementen und Ätherarten gestellt.

Vielleicht kommen wir noch darauf. Man muss eigentlich in diesem Bild von der Wärme in der Mitte, dann nach oben hin Licht, Ordnung und Sinn und nach unten hin die Elemente Luft, Wasser und Erde die Neunheit der Seele erahnen, die entsteht, wenn man das Gefühlsleben in der Wärme sucht, das auch wiederum dreigeteilt ist. Dann haben wir die Neunheit, die auch wiederum Adam Kadmon ist, die in der Kabbala erkannt wurde, mit einer zehnten Kategorie, die man ‚Reich' nannte.

Im Äthergebiet haben wir die Dreigliederung des Denkens, im elementarischen Gebiet die Dreigliederung des Wollens. Wir können es so anschauen, dass in der Wärme das eigentliche Gefühlsleben liegt, das dann auch dreigeteilt ist, und dass nach oben, im Denken, diese Ätherwirkungen zu finden sind und nach unten im Willensgebiet die Elemente gesucht werden müssen. Da liegen auch die Beziehungen zu den Kategorien. ‚Erscheinung' und ‚Verhalten', das sind mehr die Begriffe, die mit der Verbindung zum ‚Reich', mit der Beziehung zwischen der menschlichen Seele, dem Geist und der Erde zu tun haben. Wir bräuchten sicher einen Monat, das auszuarbeiten...

ACHTE STUNDE

Es gibt eine Reihe von Vorträgen ‚Die Geheimnisse der biblischen Schöpfungsgeschichte', die Rudolf Steiner 1910 in München gehalten hat. Das war glaube ich im Anschluss an eine Aufführung von Edouard Schurés Drama ‚Kinder des Luzifer' oder vielleicht auch schon eines Mysteriendramas. Da fängt Rudolf Steiner am zweiten Tag an, über die Schöpfung der Erde zu sprechen.

Er geht davon aus, dass wir die vorangehenden Verkörperungen der Erde ein wenig erkannt haben, dass wir ein Wissen davon haben. Dieses Wissen sollte natürlich viel ausführlicher sein als das, was wir hier jetzt versucht haben, dadurch zu erleben, dass aus der Wärme Luft und Licht, Wasser und Klang, Erde und Leben entstanden sind. Wir brauchen jetzt diese sieben Stufen, also die Wärme in der Mitte, die Elemente nach unten und die Ätherarten nach oben, um diese Schöpfung der Erde in Gedanken mitmachen zu können. Dann wird es sehr deutlich, dass wir als geschaffene Menschen wirklich nach Gottes Wort geschaffen sind. Es kann dann allmählich auch deutlich werden, dass in dem reinen lebendigen Denken, das in die Anschauung tritt, diese Geheimnisse der Schöpfung der Erde auch mit enthalten sind.

Wir müssen uns sieben große Geister am *Anfang der Erde* vorstellen. Das sind die Elohim, Geister der Form, Exusiai. Wir müssen uns vorstellen, dass da die Elemente Wärme, Luft und Wasser wesentlich schon aus den vorigen planetarischen Zuständen hinüberkommen konnten, wo sie bereits entwickelt waren. Am Anfang der Schöpfung der Erde war das Feste noch nicht da, und Wasser, Luft und Feuer, Wärme, waren miteinander noch in einer Wirrnis, finster und wirr, also noch nicht geschieden, nicht geordnet.

Wir müssen uns dann vorstellen, dass in dieser Unordnung überall da, wo Wärme ist, das Geistige der sieben großen Geister doch schon hindurchschimmert. Und wir müssen uns dann auch vorstellen, dass diese Dreiheit Wärme, Luft und Wasser in gewissem Sinn als *Körper der Elohim* vorgestellt werden kann. Das müssen wir eigentlich meditativ machen, damit das nicht nur Worte bleiben, wir müssen also versuchen, uns vorzustellen, dass da, wo wir uns selbst als Mensch in der Wärme erleben, am Anfang der Erdenentwicklung das Geistige der Elohim war und dass Wärme, Luft und Wasser noch ein Durcheinander waren, finster und ungeordnet.

Dann, dass diese sieben großen Geister zusammenarbeiten wollen und dass sie eine Art ursprünglich schöpferisches Sinnen entfalten, nicht ein gewöhnliches Denken, sondern eine produktive, schöpferische, aber denkende Kraft, womit sie zusammen den Menschen erschaffen wollen. Dasjenige, was dann im ersten Buch Moses in der Bibel beschrieben steht, muss man dann eigentlich schon als Mensch ansehen. Also dasjenige, was da als ein Durcheinander von Wärme, Luft und Wasser beschrieben ist und sich dann durch die Elohim, durch ihre produktive Denkkraft und auch ihre ordnende Kraft allmählich entwickelt, war selbst schon der Mensch. Nicht nur Erde und Himmel sind das, sondern der Mensch selbst ist das.

Wir können uns denken, dass der Mensch so gedacht wurde, dass er eine vorstellende, denkende, imaginative, inspirative, intuitive geistige Fähigkeit haben sollte – das kann man dann *Himmel* nennen. Und dass andererseits eine Willensseite geschaffen wurde, wo eine innere Regsamkeit entsteht, begierdenhaft auch, die man *Erde* nennen könnte. Wenn also die Rede davon ist, dass Himmel und Erde geschaffen wurden, kann man da bereits die Elohim bei der Erschaffung des Menschen tätig sehen.

Das ist imaginatives Üben, was wir hier jetzt machen – dass wir versuchen, uns in realen Bildern Vorstellungen zu machen, ausgehend von dem, was wir schon hatten: die Wärme, Luft, Wasser, was der Wille des Menschen wird. Und dann kommt nach oben allmählich eine Scheidung der Elemente und Ätherarten zustande, dadurch dass diese Elohim denken, also sinnen, dass da Licht entstehen muss. Und wenn das Licht entsteht, deutet das darauf, dass auch die Luft sich von der Wärme und von dem Wasser unterscheidet. Wenn man das wirklich intensiv meditiert, kann man das fast hören. *Der Herr sprach: es werde Licht, und es ward Licht.* Formlos lag die Schöpfung da, aber die Elohim denken Himmel und Erde – und die Erde ist noch finster, und der Herr spricht: *es werde Licht*. Das sind die sieben großen Geister, die zusammen der Herr sind.

Evangelium und Credo (Deutsche Messe, Franz Schubert)

Noch lag die Schöpfung formlos da, nach heiligem Bericht:
Da sprach der Herr: Es werde Licht! Er sprach's und es ward Licht.
Und Leben regt und reget sich, und Ordnung tritt hervor.
Und überall, allüberall, tönt Preis und Dank empor, tönt Preis und Dank empor.

Der Mensch auch lag in Geistesnacht, erstarrt von dunklem Wahn;
Der Heiland kam, und es war Licht! Und heller Tag bricht an.
Und seiner Lehre heil'ger Strahl weckt Leben nah und fern;
alle Herzen pochen Dank und preisen Gott den Herrn und preisen Gott den Herrn.

Doch warnend spricht der heil'ge Mund: Nicht frommt der Glaub' allein, nur die Erfüllung eurer Pflicht kann Leben ihm verleih'n.
Drum gib ein gläubiges Gemüt! Und gib uns auch, o Gott, ein liebend Herz, das fromm und treu stets folget dem Gebot, stets folget dem Gebot!

Verleih' uns Kraft und Mut, dass wir nicht nur die Wege seh'n, die der Erlöser ging, dass wir auch streben nachzugeh'n.
Lass so Dein Evangelium uns Himmelsbotschaft sein, und führ uns, Herr, durch Deine Huld ins Reich der Wonnen ein, ins Reich der Wonnen ein.

Und diese sinnende Tätigkeit der Elohim, die bringt nicht nur Licht, sondern bringt auch Ordnung, Ordnung tritt hervor. Die Luft wird vom Wasser abgesondert, und nach oben haben wir den ordnenden Zahlenäther oder den gestaltenden Äther, den Formäther, den Klangäther. Man kann gleichsam hören, dass der eine Schöpfungston sich allmählich in sieben Töne ordnet. Das Geistige dieser sieben großen Geister, das sind die Äthertöne. Man könnte sagen, dass in dem Moment, wo der Herr spricht: *es werde Licht*, der Regenbogen *aus sieben Farben erscheint*, und wenn die *Ordnung hervortritt*, dass das *klingt.*

Und dann wird das Feste durch Verdichtung abgesondert. Die Entsprechung ist der Lebensäther, und in dem Lebensäther wirkt nicht nur *das Leben*, da spricht auch *das Wort*. Also da wohnt der Sinn der Dinge und des Menschen. Und wir finden dann in diesen drei Ätherarten Licht, Ordnung und Sinn die Anlage für das Denken gegeben, man könnte zum Beispiel sagen: Bewusstsein, Form und Leben – oder bewusste Gedanken, Logik und Begriff.

So haben wir Himmel und Erde. Erde sind die vier Elemente, wobei das Feste, das wirklich Erdige, das Neue ist, was auf der Erdenstufe hinzukommt.

Nun können wir Adam Kadmon wiedererkennen, wie er ein dreigliedriges Wollen, ein dreigliedriges Fühlen und ein dreigliedriges Denken hat, und damit lebt er in der *zehnten Kategorie*, könnte man sagen, in dem *Reich*, das dann auch wiederum dreigeteilt ist.

Rudolf Steiner hat Adam Kadmon schematisch gezeichnet:

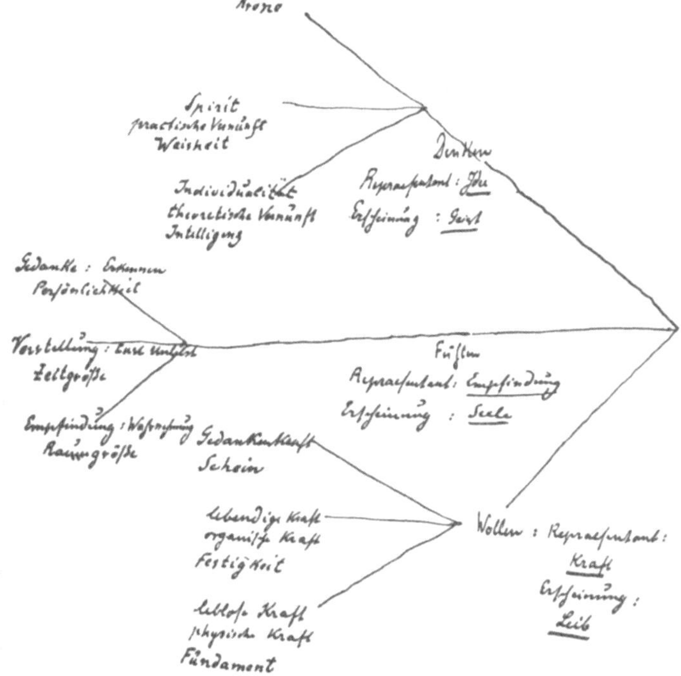

Adam Kadmon, das sind zehn Kategorien. Und man kann das mit der Anthroposophie so verstehen, dass das ein dreigegliedertes Wollen ist, also ein wollendes Wollen, ein fühlendes Wollen und ein denkendes Wollen; dass es ein dreigeteiltes Fühlen ist, ein wollendes Fühlen, ein fühlendes Fühlen, ein denkendes Fühlen; und dass es dann ein dreigegliedertes Denken gibt, ein wollendes Denken, ein fühlendes Denken und ein denkendes Denken.

Adam Kadmon lebt in diesem Reich, und das ist die zehnte Kategorie, die dann auch wiederum dreigeteilt erscheint – und so gibt es dann zwölf Kategorien. In der Figur oben ist es die Dreiheit ganz rechts. Unten (ebenfalls eine Zeichnung von Rudolf Steiner) steht der Mensch auf dem Reich.

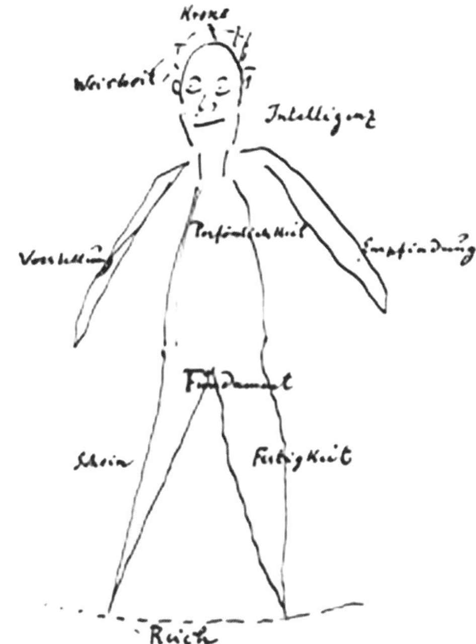

Das ist also das wahre Menschenwesen, das im Kreis der sieben großen Geister ist.

Das Gott von Angesicht zu Angesicht schaut und das ewig ist.

Es ist über allem, was zornig oder furchtsam ist.

Es herrscht mit den Kräften der oberen Welt und ihm dienen die Kräfte der unteren Welt.

Es verfügt über sein eigenes Leben und seine Gesundheit und kann das auch bei andern.

Es kann durch nichts überrascht, von keinem Missgeschick befallen, es kann nicht in Verwirrung gebracht und nicht überwunden werden.

Es kennt die Wesenheit des Vergangenen, Gegenwärtigen und Zukünftigen.

Es hat das Geheimnis der Erweckung vom Tode und von der Unsterblichkeit in seinem Besitz.

'Der Mensch ist etwas Gewaltiges in der Welt, weil sieben Tätigkeiten zu einer Gruppe zusammenfließen mußten, um ihn zustande zu bringen. Ein Ziel für Götter ist die Menschenform auf der Erde. – Fühlen Sie das ganze Gewicht dieser Worte: Ein Ziel für Götter ist die Menschenform auf der Erde! Denn wenn Sie das ganze Gewicht dieses Wortes fühlen, dann werden Sie sich sagen: Diese Menschenform ist etwas, demgegenüber die einzelne Seele eine ungeheure Verantwortung hat, eine Verpflichtung, es so vollkommen als möglich zu machen. – Die Möglichkeit der Vervollkommnung war in dem Momente gegeben, als die Elohim den gemeinsamen Entschluß faßten, alles, was sie konnten, in ein Ziel zusammenströmen zu lassen. Das, was ein Erbe von Göttern ist, das ist dem Menschen übertragen worden, daß er es immer höher und höher ausbilde in ferne Zukunftszeiten hinein. Dieses Ziel zu fühlen in Geduld und Demut, aber auch in Kraft, das muß eines der Resultate sein, die aus der kosmischen Betrachtung fließen, die wir anknüpfen können an die monumentalen Worte am Anfang der Bibel. Unseren Ursprung enthüllen uns diese Worte, unser Ziel, unser höchstes Ideal weisen sie uns zugleich. Wir fühlen, daß wir göttlichen Ursprungs sind, wir fühlen aber auch das, was anzudeuten versucht worden ist im Rosenkreuzerdrama, da wo der Eingeweihte eine gewisse Stufe überschritten hat, wo er sich sozusagen in dem *Mensch erlebe dich* fühlt. Wohl fühlt er da seine menschliche Schwachheit, aber vor sich sein göttliches Ziel. Er vergeht nicht mehr, er verdorrt nicht mehr innerlich, sondern gehoben, innerlich erlebt fühlt er sich, indem er sich erlebt, wenn er sich erleben kann in dem andern Selbst, das ihm durchströmt ist von etwas, was seiner Seele verwandt ist, weil es sein eigenes Gottesziel ist.' [5]

In dir lebt das Menschenwesen, das Gott von Angesicht zu Angesicht schaut,

das ewig ist und das im Kreis der sieben großen Geister ist.

Es ist über allem in dir, was zornig oder furchtsam ist.

Es herrscht mit den Kräften der oberen Welt und ihm dienen die Kräfte der unteren Welt.

Es verfügt über sein eigenes Leben und seine Gesundheit und kann das auch bei andern.

Es kann durch nichts überrascht, von keinem Missgeschick befallen, es kann nicht in Verwirrung gebracht und nicht überwunden werden.

Es kennt die Wesenheit des Vergangenen, Gegenwärtigen und Zukünftigen.

Es hat das Geheimnis von der Erweckung vom Tode und von der Unsterblichkeit in seinem Besitz.

[5] Rudolf Steiner, Die Geheimnisse der biblischen Schöpfungsgeschichte, GA 122.

NEUNTE STUNDE

Nun können wir diesen Spruch, den wir wiederum in der Eurythmie geübt haben, noch als eine Meditation machen und dann versuchen, die verschiedenen Teile in den jeweiligen Laut einzubetten, so dass man dann nicht laut spricht, aber den Laut in einem Ansatz hat. Also nicht die Bedeutung des Lautes, sondern den wirklichen Laut.

Da muss man also das, was wir mit der Eurythmie erlebt haben, stark verinnerlichen und dann zwischen dem zweiten Satz und dem dritten Satz dieses E haben, dann wird der dritte Satz in das G eingebettet, dann kommt ein freies I, und dann wird der folgende Satz eingebettet in D, dann kommt ein freies O; dann wird der folgende Satz in H eingebettet, dann ein freies U, wiederum der nächste Satz in V und der letzte Satz in Z.

Machen wir das.

Es wird meditiert.

Hier brauchen wir dann wirklich das Erstaunen, die fragende Haltung, die Ehrfurcht – und dann haben wir noch diese Laute dazubekommen, in die der Text eingebettet ist.

Rudolf Steiner:[6]

‚Wodurch hat er [der Mensch] denn die bestimmte Gestalt, die ihn ja doch unterscheidet von allen übrigen Lebewesen in seiner Umgebung; was macht ihn denn eigentlich zum Menschen? Was webt denn da durch diese menschliche Gestalt hindurch? – Es ist ungeheuer leicht, wenn man sich keine Binde vor die Augen legt, zu sagen, was den Menschen zum Menschen macht. Dasjenige, was er hat und alle übrigen Wesen um ihn herum im irdischen Dasein nicht haben, die Sprache, die in Lauten zum Vorschein kommt, das macht ihn zum Menschen. Denken Sie sich die

[6] Rudolf Steiner, GA 122.

tierische Gestalt. Wodurch kann sie zur Menschengestalt herauforganisiert werden? Was muß hineinschlagen in sie, damit sie zur menschlichen Gestalt wird? Stellen wir die Frage so: Denken wir uns eine tierische Gestalt, und wir müßten sie mit etwas durchströmen, mit einem Hauch durchströmen – was müßte dieser Hauch enthalten, daß dadurch diese Gestalt anfangen würde zu sprechen? – Sie müßte innerlich sich so organisiert fühlen, daß sie Lauthaftes von sich ausstrahlte! Das Lauthafte schafft aus der tierischen Gestalt die menschliche Gestalt.

Wie kann man daher den Kosmos sich bildhaft vorstellen, innerlich erfühlen? Wie kann man alles das, was ich Ihnen in Bildern vor die Seele geschrieben habe, in umständlicher Weise Bild für Bild aus dem Elementarischen herauskonstruiert habe, wie kann man das erfühlen, wie kann man die Gestalt des makrokosmischen Menschen gleichsam innerlich erfühlen? Wenn man anfängt zu fühlen, wie der Laut in die Gestalt schießt! Man lerne fühlen am Laut A, wenn er dahinsaust durch die Luft, nicht bloß den Ton, man lerne fühlen, wie sich dieser Laut gestaltet, so wie sich der Staub gestaltet durch den Ton des Fiedelbogens, der die Platte streicht. Man lerne fühlen das A und lerne fühlen das B, wie sie durch den Raum hinweben! Man lerne sie nicht bloß als Lautstrahl fühlen, sondern als sich Gestaltendes, dann fühlt man so, wie der althebräische Weise fühlte, wenn er sich in Lauten anregen ließ zu den Gestalten der Bilder [der Genesis], die ich Ihnen hingestellt habe vor das geistige Auge.'

Also der althebräische Weise hatte noch das Vermögen, in der hebräischen Sprache am Anfang der Bibel wirklich die realen Bilder der Schöpfung aufsteigen zu sehen. Die Laute, die da am Anfang der Bibel, im ersten Buch Moses, gesprochen werden, die wurden nicht zu solchen abstrakten Worten, wie wir sie haben, *im Anfang schuf Gott Himmel und Erde,* sondern das war Laut, schaffender Laut, und da wurde die Wirklichkeit der Schöpfung erlebbar.

Und so müssen wir uns vorstellen, dass wir üben, wenn wir diesen Spruch mit Laut eurythmisch üben, oder wenn wir die Laute in der Meditation gleichsam innerlich sprechen und die Teile eingebettet in diese Laute erleben.

Ich wiederhole noch einmal, was ich gestern gesagt habe: dass Rudolf Steiner in einem der Vorträge über Eurythmie als sichtbare Sprache gesagt hat, dass, wenn es möglich wäre, das Alphabet auf einmal auszusprechen, also nicht alle Laute hintereinander, sondern auf einmal, dann der Ätherleib sichtbar werden würde und es möglich werden würde, aus diesen ätherischen Formkräften die physische Gestalt zu vernehmen.

Das hat er dann natürlich mit diesem Spruch gegeben – dass wir das Menschenwesen kennenlernen. Dann müssen wir uns also darauf einstellen, dass dieses Menschenwesen am Anfang der Erde von den sieben großen Geistern, den Elohim, gedacht worden ist, ‚ersonnen', aber in einem göttlichen Sinnen. Das wurde dann in der alten hebräischen Weisheit als Adam Kadmon angeschaut. Das war der Mensch, aber es war zu gleicher Zeit auch der *Lebensbaum*. Der Lebensbaum ist der ursprüngliche Mensch.

Dieser Mensch hat in seinem Kreuz das *Fundament*. Er hat in seinem linken Bein die *Gloria*, von Rudolf Steiner auch Festigkeit genannt. In seinem rechten Bein hat dieser Adam Kadmon den *Schein*, von Rudolf Steiner auch Gedankenkraft genannt. So steht Adam Kadmon in dem *Reich*. Und in seiner Brust, in seiner Mitte, hat er seine Persönlichkeit, die auch *Schönheit* genannt wird. Sein linker Arm ist *Liebe*, rechts ist *Gnade*. Und Rudolf Steiner zeichnet auch: links ist Empfindung, rechts ist Vorstellung. Dann hat er das Haupt, und auf der linken Seite seines Hauptes befindet sich die *Intelligenz*, sie wird auch Verstand genannt. Auf der rechten Seite hat er die *Weisheit*. Und wenn diese beiden zusammenkommen, wenn die Intelligenz die Weisheit oder die Weisheit die Intelligenz anschaut, dann haben wir die *Krone*.

Dann kann man sich diesen Menschen in verschiedenster Weise weiter differenziert vorstellen. Dasjenige, was ‚Fundament' ist, ist das eigentlich Irdische. Die ‚Gloria', Festigkeit, ist das Ätherische. ‚Schein' ist das Astralische. Dann kommt die Mitte, da gibt es zuerst die Empfindungsseele, linker Arm, dann die Verstandes-Gemütsseele, rechter Arm, und dann die darüber hinausgehenden Gedanken, auch ‚Schönheit' genannt, das ist die Bewusstseinsseele. Und dann ‚Intelligenz' als Geistselbst, ‚Weisheit' als Lebensgeist, und ‚Krone' als Geistesmensch. Aber das ist dann eigentlich Zukunft dieses Menschenwesens.

Wenn wir Adam Kadmon am Anfang der Schöpfung empfinden, müssen wir wiederum empfinden, was wir heute Morgen zu erleben versucht haben: die Wärme in der Mitte, dreigegliedert, und dann in die Richtung des Willens Luft, Wasser, Erde und in die Richtung des Denkens Lichtäther, Klangäther und Lebensäther. Dann ist die höchste Geistigkeit, durch die die Elohim den Menschen schaffen, das, was Krone ist, das sprechende, göttliche Wort, das durch den Klangäther hindurch organisiert, Ordnung bringt. Also das Wort ist der eigentliche Sinn, Begriff des Menschen, und das geht dann ordnend durch Klang- und Lichtäther hindurch bis in die Elemente, durch Klang und Licht hindurch gestaltend bis in die Wärme, Luft, Wasser, Erde hinein. So entsteht die Menschenform.

Bei der Weihnachtstagung, als ein Jahr zuvor das Goetheanum, das physisch dastand, in Flammen aufgegangen war und Rudolf Steiner bei dieser Weihnachtstagung die alte Anthroposophische Gesellschaft aufgelöst und dann die neue Anthroposophische Gesellschaft gegründet hatte, da hat er den ‚Grundstein' gelegt. Das hat er nicht nur physisch für das neue Goetheanum getan, sondern das hat er auch geistig gemacht.

In seiner Ansprache am Anfang der Weihnachtstagung, wo er dann auch allmählich Tag für Tag den Grundsteinspruch gab, sagte er, dass er die *Substanz* dieses Grundsteins aus der Liebe genommen hat, dass die *Form* des Grundsteins durch die Weltgestaltung, durch die Weltenform gestaltet worden ist, wodurch eine reale imaginative Formkraft entsteht, und dass dann dazu das *Licht* kommt, wodurch der Grundstein erkannt werden kann.

Da haben wir wiederum diese drei Ätherwirkungen, die also zeigen, dass es ein ätherisches Gebilde ist, dieser Grundstein, der Pentagondodekaeder. Man muss sich also vorstellen, dass der Lebensäther Substanz ist, die Weltenform die Gestaltung gibt und das Bewusstsein der Form und der Substanz dann aus dem Lichtäther kommt. – Das wird dieser Grundsteinspruch, wo wir im ersten Aufruf aufgefordert werden, das Geist-Erinnern zu entwickeln. Da finden wir wirklich, dass wir auch bis in diesen Lebensäther hinein erkennen können. Dann das Geist-Besinnen, wo das Gefühl angesprochen wird, damit es sich weiter entwickelt, Weltgestaltung. Und dann das Licht, das wir dann in Freiheit verwenden können.

Also man kann doch bis in sein Gebein hinein empfinden, dass mit der Weihnachtstagung dieses Menschenwesen in Form eines Grundsteins geistig den Mitgliedern gegeben wird, damit sie diesen Grundstein in sich aufnehmen können und so der lebendigen Anthroposophie teilhaftig werden, die dann aus allen Menschen selbst hervorkommen würde, die diesen Grundstein in sich aufnehmen. Und das ist natürlich auch die ganze Anthroposophie. Hier aber gibt er es in einem ätherischen Gebilde, als ein wirksames Gebilde – und das hätte man natürlich viel realer auffassen müssen, als etwas, was man wirklich zu sich nehmen kann. Dann würde es von innen heraus Liebe spendend, gestaltend und leuchtend wirken.

*

Wir sind als Menschen also Gedanke der Elohim. Sie haben uns gedacht als Wesen, die eine Möglichkeit haben, zu denken, vorzustellen, und die auch eine Möglichkeit haben, zu handeln, zu wollen. Dazwischen liegt das Organ, das dann Gleichgewicht bringt, bringen kann, das ist das Fühlen.

Aber wenn man bedenkt, dass der Mensch nach dem Bild Gottes geschaffen wurde, versteht man natürlich auch, dass es nicht so sein kann, dass nichts Neues geschaffen wird. Also ein Ebenbild der Götter, aber ohne eine Entwicklung darin, das ist natürlich nicht vorzustellen. Man kann sich nur vorstellen, dass diese geistigen Wesen den Menschen schaffen wollen, weil sie etwas Neues ersinnen, was dadurch entstehen kann. Und das ist, dass wir Menschen uns etwas gegenüberstellen können. Wenn wir versuchen, uns in das einzuleben, was bis zum irdischen Dasein das Erleben gewesen ist, dann ist es so, dass der Erlebende *ganz in dem Erleben darinnen* war. Dasjenige, was uns so vertraut ist – dass ich hier bin und die Welt da, dass ich mich der Welt gegenüberstelle –, das ist das Neue. Und wenn wir bedenken, dass Adam Kadmon der makrokosmische Mensch ist, müssen wir uns vorstellen, dass dieser makrokosmische Mensch zugleich auch das Paradies ist, dass er also nicht *im* Paradies ist, sondern *das Paradies ist.* Das ist eine ganz andere Vorstellung: Der Lebensbaum nicht im Paradies, sondern als Paradies. Dahinein kommt dann diese Wesenheit, die dazu führen kann, dass der Mensch sich den Dingen *gegenüberstellen* kann. Das ist die Schlange, das ist Luzifer.

Es gibt eine Vortragsreihe Rudolf Steiners, ‚Die Welt der Sinne und die Welt des Geistes'[7], in der beschrieben wird, wie Luzifer gewirkt hat und noch immer wirkt.

Es wird klar, dass wir uns Adam Kadmon dann so vorzustellen haben, dass dieser ursprüngliche, göttliche, reine, irdische Mensch so gedacht war, dass er in sich selbst oder an sich selbst die Wahrnehmung und die Weisheit haben konnte. Das haben wir nicht, wir stehen hier, und da ist die Welt. Und das Wissen, die Idee, bringe ich zwar hervor, aber ich stehe den Dingen doch wirklich gegenüber. Das ist auch die Quelle des Zweifels, weil ich mit etwas konfrontiert werde, was schon da ist und wovon ich nicht weiß, wie es dahin gekommen ist, was die Gesetzmäßigkeiten sind, die darin wirksam sind. Ich spüre eine Sehnsucht, das zu wissen – und so kommt der Lernprozess in Gang. Aber das Gegenüber, das ich habe, das spielt sich ab zwischen Ding und mir.

Ursprünglich, muss man sich vorstellen, hätte es auch so sein können, dass der makrokosmische Mensch zwar einen irdischen Leib bekommen hätte, dass er dann aber von außen an sich selbst die Dinge erkannt hätte. Also nicht: ich bin hier, hier ist die Erkenntnis, und da ist das Gegebene, und ich habe ein Gegenüber zu den Dingen – das Ich wäre ein Wesen gewesen, das sich außerhalb von sich selbst zugeschaut hätte und dann in sich die Erkenntnis angeschaut hätte.

Man fühlt unmittelbar: So muss es letztendlich doch wiederum werden. Aber es kam Luzifer, und er hat dann so gewirkt, dass der Mensch verführt wurde. Man muss sich das natürlich ganz groß vorstellen, nicht als unsere kleinen Verführungen, sondern als etwas ganz groß Kosmisches. Der Mensch ist dazu verführt worden, in sich selbst unterzutauchen. Nicht diese Zuschauerposition genügte, um damit zufrieden zu sein, sondern der Mensch wurde dazu verführt, in sich selbst hinein zu wollen. Dieses In-sich-hineingezogen-Werden hat letztendlich dazu geführt, dass wirkliche dichte, harte Materie entstanden ist.

[7] Rudolf Steiner, Die Welt der Sinne und die Welt des Geistes, GA 134.

Das Irdische war schon da, aber das braucht nicht materiell zu sein. Also irdisch ist verdichtetes Wasser, aber nicht wie Eis – wir kennen das nicht, wir können uns das nicht vorstellen, fest ist fest, ist materiell. Aber man kann sich auch das Feste als Idee vorstellen, aber dann wirkende Idee. So, wie wir von der Wärme eine Verdichtung gedacht haben zur Luft und dann weiter verdichtet zum Wasser und dann weiter verdichtet zum Festen. Da hat man das Feste, aber nicht als Materie.

Dann kommt Luzifer und zieht den Menschen in sich selbst hinein. Das lebendige Anschauen allein genügt nicht, man will eigene Erkenntnisse. Und diese eigenen Erkenntnisse, die ziehen so in die Seele ein und das Ich hinunter, dass das Ich fast ertrunken wäre und dass Luzifer dann auch wiederum der Retter ist. Er zieht das Ich dann genau so viel aus der Astralität heraus, dass das Ich weiß, wissen kann, dass es da ist. Wenn man zum Beispiel sehr mit Begierden beschäftigt ist, mit bestimmter Lust oder auch Unlust, erkennt jeder, dass man dann ganz absorbiert ist von einem Trieb oder einer Begierde oder davon, etwas wirklich haben oder erreichen zu wollen. Dann vergisst man das ‚ich bin', man ertrinkt gleichsam in seiner Begierde. Also halb stecken wir in dieser Begierdensubstanz darinnen, aber nicht ganz.

Dadurch, dass diese echte Materialität in das Feste hineingekommen ist, dadurch haben wir erst recht dieses Erleben des Gegenüber bekommen. Der Tastsinn, damit stoßen wir an das Feste und können uns dadurch von demjenigen, was ich nicht bin, unterscheiden.

Wir sind hiermit in der biblischen Schöpfungsgeschichte, wirklich am Anfang der irdischen Entwicklung. Es ist ja die vierte Stufe in der planetarischen Entwicklung. Aber auf der Erde haben sich Saturn, Sonne und Mond wiederholt. Das haben wir dann versucht, ganz ansatzweise zu ahnen, indem wir uns die Wärme vorgestellt haben, die sich dann nach unten in die vier Elemente und nach oben in vier Ätherarten differenziert. Die luziferische Versuchung nehmen wir vorerst einmal so an, wie ich sie beschrieben habe.

Man kann sich vorstellen, dass es ein Wesen, ein Menschenwesen geben könnte, das einen irdischen Leib hat, der nicht materiell geworden ist und doch physisch ist, und das nicht fast darin ertrunken ist, sondern das außerhalb der Lenker ist und da auch sein Ich hat, außerhalb und nicht innerhalb der irdisch-fest gewordenen Leiblichkeit.

Man erkennt in dieser Vorstellung doch auch die Entwicklung des reinen Denkens und die Anschauung des Denkens wieder – und dass da gerade dieses *Darinsitzen* überwunden werden will. Es ist klar, dass der erste Schritt natürlich nur da gemacht werden kann, wo die Freiheit ist, sonst wäre die ganze Entwicklung umsonst – wenn wir außerhalb unserer selbst gesetzt würden und nicht wüssten, dass wir das wollen. Das ist natürlich auch das Gefährliche dieser Freiheit, denn es kann natürlich in der Freiheit auch geschehen, dass man das nicht will, dass man sagt: ‚Nein, das mache ich einfach nicht, ich will nicht aus mir selbst heraus, ich will drin bleiben'.

Es wird gefragt, wie man es auffassen muss, dass das Böse von Gott gewollt worden ist und warum der Mensch eine Schuld für etwas hat, was er noch nicht in Freiheit wählen konnte.

Es geht um einen gewissen Zeitpunkt. Man muss sich vorstellen, dass die Freiheit jetzt erst eine wirkliche Möglichkeit wird und dass zuvor alles doch mehr oder weniger bestimmt war, mit gewissen Abweichungen. Und dass es von dem Moment ab, wo es wirklich Freiheit gibt, die Vorhersehung nur noch in Möglichkeiten besteht. So, wie man das in dem Werk von Rudolf Steiner auch erfahren kann, dass er sagt, es kann so gehen, oder es kann auch so gehen, und das hängt von uns ab, ob es so geht oder so geht. Beides ist vorgesehen. Da kann man sich denken, dass es wichtig ist, dass wir Wissen haben, dass wir Einsichten haben, denn *nur in der Einsicht liegt die Freiheit.* Nur, wenn man etwas einsieht, kann man aus Freiheit etwas wollen, sonst ist es nicht frei.

Es wird nach der Scham gefragt. Wenn etwas geschehen ist, was gar nicht anders hätte geschehen können, da der Mensch noch gar keine Freiheit hatte, dann ist es so ähnlich, wie wenn man sich für etwas schämt, was gar nicht anders möglich war.

Die Scham ist erst in der heutigen Zeit wirklich zu verstehen. Es geht nicht darum, dass etwas aus der Vergangenheit Scham aufruft, aber es geht darum, dass es jetzt etwas gibt, worüber man sich schämt. Natürlich ist die Vergangenheit Prozess, wodurch es dann jetzt soweit gekommen ist, aber hier geht es um wirklich kleine Zeitalter, wo es darum geht, dass ich in Entwicklung komme und dann bemerke, dass ich jede Minute des Tages etwas versäume. Das gibt Scham. Man kann dann sagen: ‚Ja, aber ich bin so konstituiert, kann auch nichts dafür.' Zu einem gewissen Punkt ist das so, und dann schämt man sich natürlich auch nicht dafür. Aber es kommt ein Punkt, von dem an ist die Einsicht geboren. Und dann ist auch die Freiheit da, und trotzdem tut man es nicht – dann fängt das Sich-Schämen an.

Wir denken immer menschlich, mit Menschengedanken, und sagen bei Katastrophen dann: Warum greift die allmächtige Gottheit nicht aus Liebe ein? Aber das Weltgeschehen ist ein Prozess, und mit freien Menschentaten kann die Gottheit auch nichts dafür. Es sind Prozesse, und wenn nicht *dasjenige* geschieht, was eine gute Wirkung gibt, kann es nicht anders sein, als dass Katastrophen eintreten. Das sind eigentlich in gewisser Weise Naturprozesse, die walten.

Ich selbst habe eigentlich immer den Impuls, davon auszugehen, dass *alles möglich ist.* Obwohl man auch die Erkenntnisse hat, dass vieles wahrscheinlich nicht möglich sein wird. Also, es sind zwei Pole im menschlichen Leben, dass man einerseits den Impuls haben kann, dass alles möglich ist, und andererseits auch weiß, dass das möglicherweise nicht so ist. Und wenn man weiß, dass es nicht so ist, und sich dadurch bestimmen lässt, dann wird es Apokalypse, dann kann es nicht anders sein. Aber wenn man dennoch einen scheinbar ‚unrealistischen' Glauben hat, dass alles möglich ist, dass es sogar möglich ist, dass die Apokalypse sich als nicht sich ereignend herausstellt, obwohl man weiß, dass es so geschrieben steht und in gewissem Sinne natürlich auch so sein wird ... aber *wie*, das bleibt immer noch die Möglichkeit des Unterschieds.

Ich möchte es noch anders ausdrücken und sagen: Ob es anders werden wird, das wird sich zeigen. Ich gehe davon aus, habe den Impuls, dass alles nicht so schlimm kommen wird. Das ist doch noch etwas anderes. Das ist auch Verwunderung oder Frage – dass eigentlich nichts festgelegt ist, nur der Wille will alles tun, um eine andere Art von Apokalypse zu verwirklichen, die dann dennoch die ursprüngliche, geschriebene Apokalypse sein wird, nur in einer milderen Art.

Teilnehmerin: Das ist eine sehr subtile Sache, da merkt man: Einerseits hat man dieses Wissen, das zieht einen herunter, und man merkt, man muss es auch ansehen – aber man darf nicht zu sehr daran hängen, sonst zieht es einen so herunter, macht einen so schwer. Und diese Offenheit, an ein Wunder glauben, das gibt mir wieder Kraft.

Credo...

Es wird gesungen.

ZEHNTE STUNDE

Pfingsten – das Fest der Befreiung, aber zu gleicher Zeit auch das Fest der geistigen Gemeinschaftsbildung. Und wir müssen das dann auffassen als eine Gemeinschaftsbildung aus Einsicht, nicht aus etwas anderem, nur aus Einsicht.

Wir haben gestern über bestimmte katastrophale Voraussichten gesprochen, und ich habe dann demgegenüber gesagt, dass man das auch so empfinden kann, dass immer alles möglich bleibt. Es wird bestimmt einmal eine Grenze kommen, aber diese Grenze haben wir noch lange nicht erreicht. Jetzt ist noch in jedem Augenblick alles möglich, so muss man das eigentlich doch empfinden, mit Verwunderung, mit Frage, mit Ehrfurcht.

Und das gilt dann auch für diese Gemeinschaftsbildung aus der Einsicht heraus. Mich hat mein Leben hindurch eine Art von *Einsichtsoptimismus* begleitet. Ich habe das noch immer, eine feste Überzeugung, dass wir als Menschen uns in der Einsicht der Wahrheit vereinigen können. Dass es dann oft nicht der Fall ist, hat damit zu tun, dass wir ungenügend verstehen – das ist auch Einsicht –, dass wir diese Gemeinschaftsbildung nicht aus dem Astralischen erwarten können – das kann dann später kommen –, sondern diese Gemeinschaftsbildung muss zuerst *im Ich* begründet werden. Und im Ich, da leben wir alle aus demselben großen Weltenwort, da kann es dann eigentlich überhaupt nie eine Meinungsverschiedenheit geben. Die gibt es im Seelischen, aber im Geistigen ist sie überwunden, in dem Moment, wo man diesen Schritt macht, *mit dem Ich zu denken.*

Das ist doch eigentlich auch die Pfingstbotschaft, dass wir danach streben, in der Einsichtsbildung wirklich tätige Hervorbringer der Idee zu werden. Nicht uns etwas einfallen zu lassen – ja, das geht auch, aber dann muss man es, wenn es einmal eingefallen ist, doch wiederum dadurch erneuern, dass man es mit dem Ich noch einmal tätig hervorbringt. Denn da erst hat man dann die Fähigkeit, überhaupt zu wissen, ob etwas wahr ist oder nicht.

Und so kommen wir wieder zurück zu dem ersten Tag, wo wir zwei Texte gelesen haben, die mit der Entwicklung des reinen Denkens zu tun haben. Und wir sollten eigentlich mit der Einsicht nach Hause gehen, dass *das reine Denken ein tätiges Hervorbringen der Idee ist.* Und ‚Idee' ist dann der begriffsmäßige, einsichtige, ideelle Inhalt als Gegenstück zur Wahrnehmung. Immer, wenn wir in Aktivität einen Begriff finden, bilden können – und das braucht nicht immer geistig zu sein, nicht nur über geistige Tatsachen, das kann auch sehr wohl Naturwissenschaft sein, wo durch eine innerliche Tätigkeit die Idee, der Begriff hervorgebracht wird –, wenn dies geschieht, sind wir im reinen Denken. Wenn wir uns dagegen einfach mit der Wahrnehmung mitreißen lassen, sind wir nicht in dem reinen Denken, das ist ein feiner Unterschied. Das Hervorbringen der Idee kann auch anhand der Wahrnehmung stattfinden. Der Unterschied liegt darin, dass ich mich meistens passiv hingebe und dann einfach in mich einströmen lasse, was Gedanken sind – das ist nicht reines Denken –, oder aber dass ich wahrnehme und dann die Idee in einem tätigen Hervorbringen der Idee erfasse. Das ist dann nichts Willkürliches. Ich kann nicht nach Willkür Ideen hervorbringen, ich muss jene Ideen hervorbringen, die wirklich mit der Sache zu tun haben. Aber es ist ein großer Unterschied, ob sich das passiv in mir ereignet, oder ob ich aktiv darinnen stehe. Es kann eine neue Gewohnheit werden, immer mehr und mehr dieses aktive Hervorbringen der Idee zu haben, auch im gewöhnlichen Leben.

In der menschlichen Begegnung bedeutet dies das aktive Schweigenkönnen mit dem Mund, dem Frontalhirn und dem Herzen. Es kommt darauf an, dass ich nicht *meine* Idee hervorbringe, sondern dass ich die Idee des anderen Menschen hervorbringe – und diese Idee spricht *er* aus, mit dem Mund, mit seiner Existenz, mit dem Herzen. Und da kann es sein, dass er oder sie etwas ausspricht, was mir gar nicht eigen ist – aber das ist gar nicht interessant, ob mir das eigen ist oder nicht, denn ich bin nur ich, und er ist er oder sie ist sie. Das Einzige, was ich zu tun habe, ist, diese Idee hervorzubringen, und nicht, dem meine Idee entgegenzubringen.

Das ist natürlich doch etwas, was wir unterscheiden lernen müssen.

Wenn gesagt wird ‚die tätige Hervorbringung der Idee', dann bedeutet das wirklich nicht, dass ich meinen persönlichen Inhalt hervorbringe, sondern dass es der wirkliche Gehalt des Gegenstandes ist, den ich als Idee hervorbringe. Also das reine Denken kann ich gar nicht üben, wenn ich mich selbst in meiner astralischen ‚Fummelei' nicht zum Schweigen bringen kann. In diesem Sinn ist dann Pfingsten *auch* ein Fest der Befreiung.

Teilnehmerin: Was machst du denn mit dieser ‚Fummelei'?

Sie übertönen lassen durch das andere.

Teilnehmerin: Ich meine, wenn man in starker Emotion ist, oder ein anderer Mensch hat das ausgelöst oder so. Und später ist man dann alleine. Was macht man dann?

Ja, dann würde ich versuchen, die ganze Situation aus der Idee heraus noch einmal hervorzubringen. Das tut man in seiner inneren Unruhe *auch*, da ist man fortwährend wieder mit allerlei Gedanken beschäftigt: Ich hätte dies sagen können, oder das, oder was weiß ich. Man kann das überstimmen, übertönen, indem man mehr in der Objektivität diese Situation noch einmal erscheinen lässt und dann versucht, mit aller Stärke, die man dann hat, das *Gedankliche* daraus zu schöpfen. Also nicht das Emotionale, sondern sich fragt: Was ist nun eigentlich wirklich passiert? Wenn ich ein Fremder wäre, und ich wäre dabei gewesen, wie hätte das dann ausgesehen, was sieht man da eigentlich? Da schimmert dann die wirkliche Idee dieser Begegnung hervor, und da liegt natürlich das ganze Karma und alles mit darin. Aber das noch einmal hervorbringen, von einer solchen Begegnung oder einem Vorfall in Erscheinung treten lassen und dann anschauen, als ob ich außerhalb stehe, ein Zuschauer bin. Die Stärke, mit der man das machen kann, bestimmt dann auch den Erfolg. Denn je stärker man das tut – das muss man wollen –, desto mehr gehen die Emotionen weg, werden sie ruhig.

Teilnehmerin erneut: Ich muss noch weiter fragen. Das, was ich dann erkenne, ist die Idee von dem, was geschehen ist. Und dann weiß ich, was ich tun muss?

Man kann natürlich auch sagen, ich denke zuerst einen sinnlichkeitsfreien Gedanken. Das kann man natürlich auch machen, um bereits eine gewisse Objektivität zu finden, wenn man mit sich allein ist. Und dann versuchen, die schwierige Situation in aller Ruhe anzuschauen. Es ist natürlich immer so, dass man in der Tiefe eigentlich genau weiß, was da los ist oder los war. Das ist nicht etwas Fremdes, dem man wie fremd gegenübersteht, das ist sehr eigen und bekannt. Aber es ist *so* bekannt und eigen, dass man es nicht sieht und dann auch unruhig wird.

Da kommen wir dann auf den Punkt, wo diese reine Hervorbringung der Idee noch etwas Neues werden kann. Als Leitsatz kann man dafür den Satz aus ‚Wahrheit und Wissenschaft' nehmen, den ich sehr oft zitiere, auch in Büchern:

> ‚Der Umstand, daß das Ich durch Freiheit sich in Tätigkeit versetzen kann, macht es ihm möglich, aus sich heraus durch Selbstbestimmung die Kategorie des Erkennens zu realisieren, während in der übrigen Welt die Kategorien sich durch objektive Notwendigkeit mit dem ihnen korrespondierenden Gegebenen verknüpft erweisen.'

Das verstehen wir jetzt, denn das ist das Hervorbringen der Idee, das ist die Tätigkeit, in die das Ich sich frei versetzen kann. Das Ich kann es auch unterlassen, die Seele kann passiv bleiben und einfach mitschwimmen, mit allem, was geschieht. Das Ich versetzt sich in Tätigkeit, durch Freiheit. Und das macht es ihm möglich, aus sich heraus – das ist die Freiheit, es ist nichts anderes da als das Ich, das aus sich heraus durch Selbstbestimmung die Kategorie des Erkennens realisiert. Und da müssen wir eine schöpferische Denktätigkeit entwickeln, wobei wir auch wirklich dieses Ich werden, denn es geht ja um mich, es geht um das Ich, das ich bin, das ihr seid, das wir sind.

‚Der Umstand, dass das Ich durch Freiheit sich in Tätigkeit versetzen kann, macht es ihm möglich, aus sich heraus durch Selbstbestimmung die Kategorie des Erkennens zu realisieren.'

Das hat eine zweifache Bedeutung. Erstens bedeutet das, dass der Erkenntnisprozess in Gang kommt, denn wenn das Ich tätig wird, bringt es Begriffe aus sich hervor. Aber zu gleicher Zeit bestimmt es sich auch selbst. Und da kommt dieses wunderbare Heraustreten aus sich selbst. Man muss sich das wirklich so vorstellen, dass *das Ich da aus dem Astralischen*, wohin Luzifer es hineingerissen hat, in die Seele hinein, hier in diesem Moment *frei wird*, es hebt sich hinauf und wird frei und hat nicht nur die Möglichkeit, die Idee tätig hervorzubringen, sondern auch, sich selbst in dieser Hervorbringung zu bestimmen. Es versteht sich selbst, das ist das Wesen der Selbsterkenntnis im Denken.

Und was versteht es dann? Es versteht seine erkennende Tätigkeit, denn damit war es beschäftigt. Und das ist diese Kategorie des Erkennens. Das ist eine Idee, die es zuvor noch nicht gab. Es ist eine *dreizehnte Kategorie*, wenn wir die zwölf schon kennen, die gegeben sind, die als intelligente Begabung für den Menschen schon da sind. Aber diese dreizehnte Kategorie ist nicht da, die kann das Ich nur durch freie Selbstbestimmung realisieren.

Da gibt es den Nebensatz: ‚während in der übrigen Welt die Kategorien sich durch objektive Notwendigkeit mit dem ihnen korrespondierenden Gegebenen verknüpft erweisen.' Also überall in der übrigen Welt sind Ding und Idee, Begriff, schon in sich selbst vereinigt. Der Mensch hat sie *nicht*, diese Idee, das Ding hat sie, aber der Mensch muss sie bilden. Aber die Idee des Erkennens selbst ist erst da, wenn der Mensch, das Ich, dazu kommt, durch Selbstbestimmung sich selbst beim Denken anzuschauen und dann auch zu wissen, was Erkennen ist.

Das haben wir dann Freitag Mittag in anderen Worten gelesen, in ‚Goethes Weltanschauung': ‚An dem Zustandekommen aller übrigen Anschauungen ist der Mensch unbeteiligt.' Das entspricht: ‚während in der übrigen Welt die Kategorien durch Notwendigkeit sich mit dem ihnen korrespondierenden Gegebenen verknüpft erweisen.'

‚An dem Zustandekommen aller übrigen Anschauungen ist der Mensch unbeteiligt. In ihm leben die Ideen dieser Anschauungen auf. Diese Ideen würden aber nicht da sein, wenn in ihm nicht die produktive Kraft vorhanden wäre, sie zur Erscheinung zu bringen. Wenn auch die Ideen der Inhalt dessen sind, was in den Dingen wirkt; zum erscheinenden Dasein kommen sie durch die menschliche Tätigkeit.'

‚Der Umstand, dass das Ich durch Freiheit sich in Tätigkeit versetzen kann, macht es ihm möglich, aus sich heraus durch Selbstbestimmung die Kategorie des Erkennens zu realisieren.'

Das ist eine andere Formulierung für den ersten Teil, was hier steht. Und dann kommt das Zweite, die zweite Bedeutung dieses Satzes aus ‚Wahrheit und Wissenschaft':[8]

‚Wenn auch die Ideen der Inhalt dessen sind, was in den Dingen wirkt; zum erscheinenden Dasein kommen sie durch die menschliche Tätigkeit. Die eigene Natur der Ideenwelt kann also der Mensch nur erkennen, wenn er seine Tätigkeit anschaut. Bei jeder anderen Anschauung durchdringt er nur die wirkende Idee; das Ding, in dem gewirkt wird, bleibt als Wahrnehmung außerhalb seines Geistes. In der Anschauung der Idee ist Wirkendes und Bewirktes ganz in seinem Innern enthalten. Er hat den ganzen Prozeß restlos in seinem Innern gegenwärtig. Die Anschauung erscheint nicht mehr von der Idee hervorgebracht; denn die Anschauung ist jetzt selbst Idee. Diese Anschauung des sich selbst Hervorbringenden ist aber die Anschauung der Freiheit. Bei der Beobachtung des Denkens durchschaut der Mensch das Weltgeschehen. Er hat hier nicht nach einer Idee dieses Geschehens zu forschen, denn dieses Geschehen ist die Idee selbst. Die sonst erlebte Einheit von Anschauung und Idee ist hier Erleben der anschaulich gewordenen Geistigkeit der Ideenwelt. Der Mensch, der diese in sich selbst ruhende Tätigkeit anschaut, fühlt die Freiheit.'

‚Der Umstand, dass das Ich durch Freiheit sich in Tätigkeit versetzen kann, macht es ihm möglich, aus sich heraus durch Selbstbestimmung die Kategorie des Erkennens zu realisieren.'

[8] Rudolf Steiner, Wahrheit und Wissenschaft, GA 3.

Also das Ich erkennt hier, dass es ein Wesen ist, das eine Fähigkeit hat, Begriffe durch eigene Tätigkeit hervorzubringen, obwohl es den Inhalt nicht selbst bestimmen kann, denn der Inhalt wird durch den Gegenstand bestimmt, aber es bringt durch seine Tätigkeit den Begriff hervor. Aber wenn der Mensch dann zu der Anschauung der eigenen Tätigkeit vordringt, dann hat er es mit Selbstbestimmung zu tun. Da findet er den Begriff, die Idee der Idee, die Idee des eigenen Vermögens, die Ideenwelt hervorzubringen. – Zuerst tut er es nur ab und zu, aber dann hat er auch noch die Möglichkeit, das nicht nur zu tun, sondern dies während des Tuns auch anzuschauen. Das ist die Selbstbestimmung, und er verwirklicht, während er sich selbst als Ideen-Hervorbringer bestimmt, die dreizehnte Kategorie, die Kategorie des Erkennens.

Wenn man das *wirksam* versteht, dann ist die Freiheit eine Tatsache. Dann ist es nicht ein neuer Begriff, der zu den bereits bestehenden Begriffen hinzukommt, sondern es ist ein *Lebensereignis.* Da wird die Erkenntnis real, und damit wird das reine Denken ein lebendiges reines Denken.

Das können wir versuchen zu tun, jetzt. Und lasst uns dann doch wiederum die immer wieder erscheinende Idee des Kreises bilden, das ist ein Begriff. Man kann den Begriff hervorbringen, das ist eine Hervorbringung einer Idee, die man verstehen kann. Aber dann gibt es diesen zweiten Schritt, wo ich nicht nur diese Idee hervorbringe, sondern wo ich versuche, auch diese hervorbringende Tätigkeit anzuschauen.

Das habe ich in ‚Suche das Licht...' versucht, in eine Art Tatsache zu verwandeln, indem ich zuerst versucht habe, in der Seele etwas zu wecken, was Erstaunen und Fragen ist, und dann, darauf hinzuweisen, dass überall der Zweifel wirkt und lebt. Der Zweifel lebt, weil ich als Ideen hervorbringende Wesenheit mich abgesondert fühle von dem Gegebenen. Ich finde die Brücke nicht, es bleibt immer die Frage: ist es wahr oder nicht? Und dann versuche ich, den Blick, den inneren Blick, auf die eigene menschliche Wesenheit zu lenken. Da kommt der Punkt, wo ich eine Idee hervorbringen kann. Aber ich will jetzt nicht in der Zeit bleiben, ich will nicht zuerst die Idee bilden und danach zurückschauen, was ich eigentlich gemacht habe, ich will jetzt so viel Geistesgegenwart haben, dass ich, *während ich die Idee hervorbringe*, erstaunend, fragend, ehrfürchtig *zugleich meine Tätigkeit anschaue*. Das hat mit Geistesgegenwart zu tun.

Ein Kreis ist eine in sich geschlossene Linie, deren Punkte alle den gleichen Abstand vom Mittelpunkt haben, in der Ebene. Das können wir auch anders formulieren, das kann jeder selbst bestimmen, wie man es formulieren will, aber es geht darum, dass ich den Begriff, die Idee, die mathematische Idee des Kreises hervorbringe – und dass ich damit so geistesgegenwärtig anfange, dass ich dieses Hervorbringen der Idee nicht verschlafe, sondern dass ich zugleich die Stimmung des Erstaunens, der Frage, der Ehrfurcht erzeuge, darin bette ich diese Hervorbringung der Idee ein, und ich bin dann von Anfang an nicht nur die Tätige, sondern auch die Anschauende.

Das können wir versuchen.

Es wird meditiert.

Dann können wir das erweitern, ihr könnt versuchen mitzugehen.

Wir können das erweitern, indem wir uns bewusst werden, dass das Ich in der Wärme ist, dass es selbst Wärme ist. Es ist hier warm genug, das ist eine Möglichkeit, diese Ich-Wärme auch innerlich zu fühlen. Und das Ich kann sich mit seiner Wärme als verwandelnder Kraft bis in die Seele hineinbegeben und wandelt dann *die Empfindungsseele um in Ehrfurcht, der Verstand wird Staunen und die Bewusstseinsseele wird Frage.*

So ist das Ich in der Seele dann nicht luziferisch fast ertrunken, sondern es ist über die Seele erhoben und streckt seine Wärme als verwandelnde Kraft in die Seele hinunter. Da bringt das Ich die Idee des Kreises hervor. Und weil die Seele geläutert ist, ist es möglich, *das Geisteslicht von Anfang an als Begleiter des Hervorbringens der Idee zu haben.* Es ist also diese bewusste Gegenwärtigkeit des Geistes während der Hervorbringung der Idee da. *Lichtäther* ist das. Wir sind in der Hervorbringung der Idee des Kreises tätig und können dann während dieser bildenden Tätigkeit sehr fein unterscheidend erleben, wie wir unsere Grundbegriffe so ordnen, dass diese Einsicht des Kreises entsteht.

Es wird meditiert.

Eine geschlossene Linie in der Ebene, und alle Punkte dieser Linie haben den gleichen Abstand zum Mittelpunkt. Wir sind *ordnend* denkend tätig. *Klangäther* ist das.

Es wird weiter meditiert.

Und dann haben wir den Sinn des Kreises hervorgebracht, das, was der Kreis wirklich ist, mathematisch gesehen, in seinem vollen Umfang, Bedeutung, Sinn. *Wortäther, Sinnäther, Lebensäther* ist das.

Es wird meditiert.

Dann können wir noch weiter gehen, und dazu müssen wir dann wiederum vergessen, was wir gemacht haben, und uns wiederum in diesem Punkt des Ich in der Wärme wiederfinden – da, wo die Möglichkeit der freien Tätigkeit liegt.

Dann versuchen wir, zu fühlen, wie wir mit der Ehrfurcht, dem Staunen und der Frage in der Seele gewebt haben. Die Seele wurde warm, die Luft wurde warm, die Seele lebt in der Luft. Jetzt können wir weitergehen und versuchen, so weit zu gehen, dass wir die ganze Seele, also nicht nur die Bewusstseinsseele, sondern auch den Verstand und die Empfindungsseele, diese ganze Seele, die in der Luft lebt, zur *Frage* umzugestalten.

Wir können mit unserer Ich-Wärme, die durch die Seele hindurchgewärmt hat, bis in unseren eigenen Ätherleib hinunterwirken, so dass wir uns vorstellen, dass dasjenige, was Ätherleib unseres Leibes ist, sich umgestaltet zum *Staunen.*

Es wird meditiert.

Und der eigentliche Leib, der auf dem Stuhl sitzt, wird so erwärmt, dass er *Ehrfurcht* wird, viel tiefer als nur die Empfindungsseele – durch den Ätherleib hindurch, bis in den physischen Leib.

Es wird meditiert.

Das Ich, das in der Wärme lebt, das jetzt getragen wird durch wirkliche Frage, wirkliches Staunen, wirkliche Ehrfurcht, dieses warme Ich kann dann noch einmal die Idee des Kreises hervorbringen. Und Licht macht nun Sinn.

Es wird meditiert.

Das ist ein Realisieren der Kategorie des Erkennens, und das Ich in der Wärme ist jetzt die dreizehnte Kategorie.

Es wird meditiert.

Gut.

Da haben wir also in der Hervorbringung einer Idee im reinen Denken die Schöpfung des Menschen als Idee wiedergefunden als Lebensäther, Klangäther, Lichtäther und haben zugleich erlebt, dass es eine neue Möglichkeit gibt, die dreizehnte Kategorie zu erleben.

Dasjenige, was wir in den vergangenen Tagen als Adam Kadmon erlebt haben, hat eine neue Gestalt bekommen. Adam Kadmon ist teilweise auch der erste Adam geworden, könnte man sagen, und hat dadurch, dass Luzifer eingegriffen hat, als Stammvater der Menschheit die Möglichkeit vererbt, zu einem gegenständlichen Bewusstsein zu kommen. Wir haben die Möglichkeit, dass wir uns den Dingen gegenüber fühlen – was für die höheren Hierarchien eine Möglichkeit war, dies zu sinnen, obwohl sie es selbst nicht haben. Es ist also wirklich etwas Neues, was der Mensch als menschliche Fähigkeit bekommt: sich den Dingen gegenüberstellen zu können und dann in den Zweifel hineingeworfen zu werden.

Zuerst ist eine solche Übung, die wir jetzt gemacht haben, immer eine Übung in vorstellendem Meditieren. Aber allmählich werden wir dazu kommen, immer mehr und mehr zu erleben, wie die Vorstellungen reale Kräfte werden, sich zu Realität verwandeln. Wie wir in der Mitte, im Ich, in der Wärme leben und wie wir nach unten in die Luft, in das Wasser, in das Feste hineingehen durch Frage, Staunen, Ehrfurcht. Und wie wir nach oben hinein uns vertiefen in Lichtäther durch Bewusstsein (Licht), in Klangäther durch innere Logik (Ordnung) und in Lebensäther durch Begriff und Idee (Sinn).

Durch eine solche Übung, wie wir sie jetzt gemacht haben, kann man allmählich selbst erfahren, dass dadurch, dass der Herr der Elohim eingegriffen hat, Luzifers Einfluss nicht so weit reicht, dass er unumkehrbar wird. Das kann man dann selbst erfahren lernen. Und dann kann man auch erkennen, dass in dieser dreizehnten Kategorie die eigentliche, durch die Götter beabsichtigte Art der Gegenüberstellung entwickelt wird. In dem Moment, wo ich als Ich aus meiner hervorbringenden Tätigkeit heraustrete und das Licht der Idee und die Ordnung der Idee und den Sinn der Idee auf diese Tätigkeit lenke, ist in diesem Gegenüberstellen – was es dann doch ist – die christliche Auferstehung da. Man steht als Ich aus der eigenen, von Luzifer verwundeten Seele auf, mit der Kraft von Christus. Indem man sich dann in einem Ich findet, das sich dem gewöhnlichen Ich gegenüberstellen kann, ist diese *auferstandene Fähigkeit* des Gegenstandbewusstseins erreicht. So könnte man es ausdrücken.

Im normalen Leben ist das im Physischen der Fall: Da ist die Welt, hier bin ich, ich stelle mich ihr gegenüber. Aber jetzt ist es auf das eigene Ich gerichtet, innerlich. Das ist der Unterschied: dass man seine eigene *Ich-Aktivität wahrnehmen* kann, sich ihr gegenüberstellen kann.

Und dann ist auch alles, was als wissenschaftliche Erkenntnis in der physischen Welt mit dem Ich vereinigt ist, auferstanden. Denn dadurch, dass die hervorbringende Tätigkeit der Idee erkannt wird, angeschaut wird, kommt die ganze Ideenwelt zu einer Auferstehung, also auch die ganze wissenschaftliche Ideenwelt.

Das hat man natürlich nicht auf einmal, auf einen Blick – so einfach darf man sich das natürlich nicht vorstellen. Denn diese Ideen müssen immer wieder, gesondert, hervorgebracht werden, man muss fortwährend im Denken aktiv sein und dann diese denkende Tätigkeit während der Hervorbringung auch anschauen. Man muss also ein

Mensch ‚neben sich selbst' werden. Das Selbst ist aktiv, aber darüber hinaus gibt es jemanden, der das anschaut.

Teilnehmerin: Und das ist das, was weiter geht als die ‚Philosophie der Freiheit'.

Es wird in dem dritten Kapitel dazu aufgerufen, aber es ist deutlich, dass noch gesagt wird: Im gewöhnlichen, alltäglichen Denken – das verläuft in der Zeit –, da kann man es noch nicht. Es muss in demjenigen Denken geschehen, wo die Geistesgegenwart so geübt ist, dass sogar der Leib Ehrfurcht wird, der Ätherleib Staunen wird, die Seele Frage wird – und *dann* gedacht wird, die Idee hervorgebracht wird.

Die Möglichkeit ist unmittelbar da, durch die Geistesgegenwart, in der Aktualität anzuschauen. Dann stört nichts mehr in dieser Natur. Und dann ist die Möglichkeit der aktuellen Anschauung des Denkens, aktuellen Beobachtung des Denkens eine Selbstverständlichkeit. Der zweite Mensch, der dann dieses Ich ist, das sich selbst bestimmt, das sich selbst versteht in seiner Ich-Tätigkeit und das anschaut, ist geboren.

Dieses Ich ist natürlich auch wiederum in einem gewissen Sinn dreigegliedert. Wir werden heute noch weiter darauf eingehen, um dann auch eine Ahnung zu bekommen, wie dieser zweite Mensch auch einen Leib hat, haben kann, der mit der Auferstehung zu tun hat, und wie das mit dem Spruch ‚In dir lebt das Menschenwesen' zusammenhängt.

Teilnehmerin: In der Meditation hast du dann gesagt: Das Ich ist in der Wärme. Und dann habe ich das physisch gefühlt, und dann wusste ich nicht mehr, ob das stimmt – ich wusste nicht mehr, welche Wärme du meinst, weil das sofort in die körperliche Wärme geführt hat.

Ja, das Ich ist im Körper tätig, vor allem im Kreislauf. Aber wenn man dann, von da ausgehend, auch wenn es physische Wärme ist, diese viel mehr geistigen Ideen entwickelt, wird das Physische wieder vergessen. Und dann ist es die wirkliche Ich-Wärme, die wirkt. Ich werde es nach der Pause noch einmal zusammenfassen.

ELFTE STUNDE

Ja, dann werde ich noch einmal versuchen, zu beschreiben, was wir gemacht haben, ausgehend davon, dass wir eine Idee tätig hervorgebracht haben, den Begriff des Kreises.

Die Schwierigkeit ist immer, dasjenige, was in einem schönen Satz steht – dass das Ich durch Freiheit sich in Tätigkeit versetzen kann und dass es dann aus sich heraus, durch Selbstbestimmung, die Kategorie des Erkennens realisieren kann –, auch zu verwirklichen. Die Sehnsucht entsteht, das Denken wirklich anzuschauen, obwohl im dritten Kapitel der ‚Philosophie der Freiheit' sehr deutlich steht, man kann sich nicht als Tätige zu gleicher Zeit auch anschauen: ‚Der Grund, warum wir das Denken im alltäglichen Geistesleben nicht beobachten, ist kein anderer als der, daß es auf unserer eigenen Tätigkeit beruht.' (S. 42). Aber Steiner sagt dazu, das könnt ihr nachlesen, da steht wirklich: in dem *alltäglichen* Geistesleben. Wenn wir nun die Sehnsucht fühlen, das Denken anzuschauen, dann haben wir es natürlich mit etwas zu tun, was *nicht* das alltägliche Denken ist.

Wir können die Idee des Kreises hervorbringen und dann versuchen, während dieses Hervorbringens dann auch aufmerksam zu sein auf diese *Tätigkeit* des Hervorbringens. Aber weil es in der Zeit verläuft, haben wir eine Ohnmacht-Situation, dass das nicht gelingt. Das hat damit zu tun, dass wir das Denken in unserer *Seele* entfalten und nicht *mit dem Ich*. Die Seele muss nun mit etwas ganz anderem beschäftigt sein als mit dem Denken. Wie denkt man mit dem Ich, das ist eigentlich die Frage.

Wenn man mit dem Ich denkt, dann lässt sich diese Tätigkeit im Ich auch *anschauen*. Aber das gewöhnliche Denken verläuft nicht in diesem tätigen Hervorbringen der Idee, sondern in dem Gedachtwerden. Es gibt einen kleinen Ansatz – und dann läuft es eben so. Aber so ist es in der Tätigkeit nicht. Ich habe dann immer das Bild des Pilgers vor Augen, der den Weg wirklich gehen muss, der läuft – er kann nicht den Zug nehmen, er muss wirklich zu Fuß gehen und kann keine Strecke *nicht* machen, muss wirklich alles selbst wandern. Und das ist eigentlich das Ich, das Ich muss fortwährend dabei sein. Und wenn es vergessen wird, dann ist es das gewöhnliche, alltägliche, astralische Denken, das eintritt.

Teilnehmerin: Und wie merke ich das? Wenn das Ich denkt, muss ich dann noch einmal darauf schauen, oder ist es eigentlich so, dass, wenn das Ich denkt, die Anschauung des Denkens schon dabei ist?

Ja, eigentlich ist das so.

Jos: Weil im Denken mit dem Ich der Wille darinnen ist, der Wille hat die anschauende Fähigkeit, die Wahrnehmungsfähigkeit.

Das Ich soll der Herrscher, der Meister, der Erzieher der Seele sein. Und dieser Erzieher wirkt mit der Wärme, das war dann der Schritt. Das Erste, um so weit zu kommen, dass man wirklich dieses Hervorbringen der Idee zugleich auch anschauen kann, ist, dass man versucht, sich als Ich in der Wärme zu fühlen.

Und das Ich hat dann die verwandelnde Kraft – das ist der Weg der Einweihung: dass das Ich die Seele umwandelt, den Ätherleib umwandelt, den physischen Leib umwandelt. Wir haben damit begonnen, anzudeuten, wie das Ich die Seele umwandeln kann. Wir haben einen Versuch gemacht, dass die Seele, insoweit sie Empfindungsseele ist, die Ehrfurcht wird, und insoweit sie Verstandesseele ist, die staunende Kraft wird – das tritt an die Stelle des Urteils; der Verstand urteilt, aber das tut er jetzt nicht, er wird erwärmt und verwandelt in Staunen. Und die Bewusstseinsseele, die dann mehr der denkende Teil der Seele ist, wird zur Frage.

Wenn wir das mit der Schöpfung der Elohim vergleichen, können wir sagen, dass die Elohim im Element der Wärme das Ich sinnen und dass sie dann in die Elemente Licht, Ordnung und Sinn hineinbringen.

Das ich lebt in der Wärme, die Seele lebt in der Luft.

Dann können wir spüren, dass, wenn man so als Ich in der Wärme umwandelnd und wärmend durch die Seele hindurchgegangen ist und da die Dreigliederung der Seele in Frage, Staunen, Ehrfurcht umgewandelt hat, dann in die Nähe des eigenen Ätherleibes kommt. Die ganze Seele wird zur Frage, und der Ätherleib wird zum Staunen. Man muss sich das in der Meditation also noch viel wesentlicher vorstellen als das, was man in der Seele macht. Wenn also das Ich, in der Wärme lebend, erziehend in die Seele hineinwirkt, dann wird die ganze Seele letztendlich Frage. Dann kann man noch tiefer gehen, und das Erstaunen, das wir als seelische Qualität hatten – es hatte die Stelle des Verstandes eingenommen –, dringt bis in den Ätherleib: der Ätherleib wird der staunende Leib.

Dann noch tiefer, bis in das Physische hinein. Das muss man sich natürlich vorstellen, denn das ist nicht unmittelbar eine Wirklichkeit. Aber diese Vorstellung wirkt doch in die Wirklichkeit hinein. Also wenn man vorstellt, dass wirklich der Leib, nicht die Materie, sondern die physische Form, Ehrfurcht wird, dass sie die Form der Ehrfurcht annimmt, dann haben wir die Nicht-Ich-Wesensglieder der menschlichen Wesenheit in eine innerliche ‚Stimmungsbetätigung' gebracht, die eine ‚Unterlage' für das Ich wird, um wirklich tätig, rein, die Idee hervorbringen zu können und zugleich anzuschauen, dass das Ich dann in Licht, Klang und Wort – das ist Leben – arbeitet. Und das liegt uns ziemlich nahe.

Wenn wir die Idee des Kreises entfalten, und wir sind da, wo wir nicht Ich sind, Frage, Staunen und Ehrfurcht geworden, dann kann man erleben, wie eine unmittelbare Anschauung der Tätigkeit entsteht und dass diese unmittelbare Anschauung Lichtäther-Wirkung ist.

Wir bemerken dann – denn wir denken den Begriff wirklich, wir sagen den Begriff nicht auf, wir sagen nicht nur die Worte, wir denken mit Einsicht den Kreis –, dass man im Denken ordnend tätig ist. Es ist nicht eine finstere Wirrnis, wir bringen das Licht und die Ordnung selbst hervor. *Licht*, insoweit wir das Bewusstsein der tätigen Hervorbringung haben, und *Ordnung*, während wir so den verschiedenen Begriffen ihren richtigen Platz geben. Das wird natürlich viel deutlicher, wenn wir einen viel komplizierteren Begriff nehmen. Wenn wir zum Beispiel den Satz des Pythagoras zu zeichnen und zu beweisen versuchen, dann sieht man sich selbst suchen und ordnen, da ist das viel deutlicher. Aber hier ist es natürlich auch so. Der Begriff des Kreises ist so einfach, dass man meint, ihn in einem Blick zu haben, aber man ist doch sehr fein in einer ordnenden Tätigkeit darinnen.

Das führt dann zuletzt zu demjenigen, was auch am Anfang schon da war, nämlich die *Einsicht* in das Wesen des Kreises. Wir müssen diese schon haben, um die Idee hervorbringen zu können. Das ist etwas anderes, als wenn man in der Schule zum ersten Mal einen Begriff lernt – dann hat man ihn zuvor vielleicht auch, aber nicht bewusst, und erlangt ihn dann bewusst. Aber hier denken wir etwas nach, was wir schon haben, wir bringen es nur tätig hervor. Das Wesen des Kreises haben wir am Anfang, aber durch das tätige Hervorbringen der Idee ist es auch Resultat. Das ist Sinnäther, Lebensäther, Wortäther.

Der Ätherleib, unser eigener Ätherleib, ist das wässrige Element, und der physische Leib ist das feste Element. So haben wir die Wärme in der Mitte, da ist das Ich, nach unten die Seele in der Luft, der Ätherleib im Wasser, der physische Leib im Festen. Nach oben: Wärme vergeistigt wird Bewusstseinslicht, noch weiter vergeistigt Gestaltungsäther, Formäther, Klang, und noch weiter vergeistigt Sinn, Wort, Leben.

In ‚Suche das Licht...' habe ich diesen Prozess schon Schritt für Schritt angegeben. Ich habe natürlich immer Schwierigkeiten, das Buch, das ich selbst geschrieben habe, auch selbst zu empfehlen, aber allmählich lerne ich, das dann doch zu tun. Im ersten kleinen Abschnitt, im Prolog, wird davon gesprochen, dass es eine Art von Denken gibt, das eine in sich ruhende, geschlossene, harmonische Tätigkeit ist. Und demgegenüber gibt es ein Denken, das in Linien verläuft, das also einfach galoppiert und die Umwelt der Gedanken überhaupt nicht wahrnimmt.

Das kann man natürlich so lesen und dann verstehen und auch nachdenken. Aber es *tun*, bedeutet, dass man das auch aufzufinden versucht, in seinem eigenen Denken, im Denken, das man von anderen Menschen vernimmt, zum Beispiel Bücher, die man liest, oder Zeitungsberichte, so dass man diese zwei Arten des Denkens wirklich kennenlernt.

Und dann wird im zweiten Abschnitt das Erstaunen beschrieben, anhand von Goethe und auch seinem Spruch – wie er Naturwissenschaft aus dem Erstaunen heraus betrieben hat. Auch das kann man lesen, aber man kann auch versuchen, mit dieser staunenden Stimmung wirklich in eine Vereinigung zu kommen.

Im Kapitel ‚Philosophia' wird dann versucht, alles zu vergessen, was man im Denken hat, und dann, ganz arm und einfach geworden, mit den Stimmungen von dieser Idee der harmonischen Denkmöglichkeit, mit dem Erstaunen und dem Fragen allmählich dazu zu kommen, dass man dann als einfacher, armer Denker ganz vorsichtig das Denken anfängt.

So kann man ein solches Buch *tun.* Dann wird das, was ich jetzt als ein Resultat beschrieben habe, durch das Tun wirklich eigener Besitz.

Teilnehmer: Das zweite Ich, das beobachtende Ich, das durch das aktive Tun in den Beschreibungen von gestern entwickelt wird – wo ist das? Wenn es nicht im Astralleib ist, von wo geht es denn aus, wo ist es?

In der geistigen Welt. Es ist die erste rein geistige Erfahrung, die man auf diesem Weg hat. Man ist da auch sicher, dass es eine geistige Erfahrung ist, die in der geistigen freien Luft erlangt wird. Es ist die reine Geistigkeit.

Da hat man natürlich immer große Kompliziertheiten, das habe ich gestern auch gesagt. Es gibt viele Möglichkeiten, die Schöpfung des Menschen anzuschauen. Wenn wir es so machen, wie wir es nun machen, dann haben wir ein Ich zwischen einem höheren ätherischen Gebilde und dann nach unten Seele, Ätherleib und physischer Leib. Und dann scheint es, als ob die höhere Geistwelt nicht da wäre.

Aber man kann es auch anders ausdrücken, und dann kommen wir zu diesem Adam-Kadmon-Gedanken, der Mensch vor Adam – wo die ganze Erde eigentlich der Mensch ist und das Ich da vorgestellt werden muss, wo es in dem mittleren Glied, der Seele, in ihrem oberen Teil liegt. Wenn wir die Dreiheit Geist, Seele, Körper haben, dann haben wir hier die Seele, die ist gegliedert in Empfindungsseele, Verstandesseele und Bewusstseinsseele, und dann liegt das Ich da, wo Verstandesseele zur Bewusstseinsseele wird. Aber der Geist ist da noch nicht erreicht, der Geist geht darüber hinaus. Das eigentliche Denken liegt also gar nicht in der Seele, sondern über der Seele im Geistgebiet.

Bewusstseinsseele und Verstandesseele haben ein Denken, in dem das Ich leise tätig ist. Aber was wir heute versucht haben, geht darüber hinaus. Wir kommen in die reine Geistwelt hinein, und da gibt es auch wiederum eine Dreigliederung.

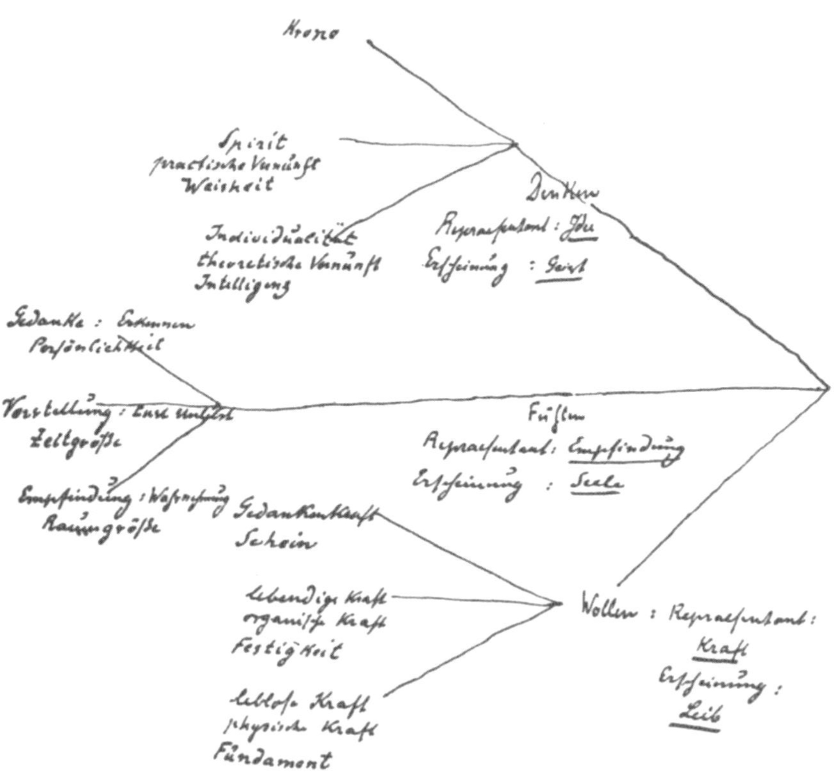

Es gibt die Seele, das haben wir gehabt. Dann gibt es den Geist mit wollendem Denken, fühlendem Denken, denkendem Denken, man kann auch sagen: Intelligenz, Weisheit, Krone. Und unten gibt es den Körper, da hat man den Astralleib, das ist Gedankenkraft, dann den Ätherleib und den physischen Leib. Im Adam Kadmon hat man als physischen Leib das Fundament, der Ätherleib ist Gloria oder Festigkeit, der Astralleib ist Schein, Gedankenkraft.

Diese neungliedrige Wesenheit lebt in dem zehnten Sephirot, der zehnten Entität oder Kategorie, und das ist das Reich. Es ist ein Baum mit neun Ästen, der auf dem Boden steht, und der Boden ist der zehnte. Aber in dem Reich gliedert sich das, was Wollen, Fühlen und Denken oder aber Leib, Seele und Geist ist, auch wiederum in die Drei. Das, was hier links steht, wird auch ausgedrückt als die ätherischen Kategorien: Bewusstsein, Form und Leben. Dann haben wir zwölf. Man kann auch sagen Substanz, Verhalten, Erscheinung – das machen wir ein anderes Mal, wenn wir einen ganzen Monat Zeit haben.

Also hier haben wir eine neungliedrige Wesenheit in der zehnten Wesenheit. Das Ich kann die Neunheit von außen anschauen. Das ist eigentlich das Ich, und ein luziferisches Abbild davon sitzt in der Verstandes-Bewusstseinsseele, dahinein ist es hinuntergezogen worden.

Jos: Was man oben hat, zur Krone hin, kann man dann auch Geistselbst, Lebensgeist und Geistesmensch nennen, das sind die oberen drei in der Neun.

Manas, Buddhi und Atman.

Wenn wir das Bild von diesem Baum so haben, mit neun Ästen in der zehnten Wesenheit, dem Reich, und diese zehnte Wesenheit ist dann auch dreigegliedert, dann haben wir also zwölf. Das Ich hat die Möglichkeit, das Ganze immer differenzierter anzuschauen.

Wenn man das Ich in der Verstandesseele und Bewusstseinsseele hat, kann man mit Spiritualität auch so anfangen, dass da nicht eine Wirkung entsteht, die nach oben und nach außen geht, sondern eine Wirkung, die nach unten zieht. Denn in der Seele, wo man immer weniger bewusst ist, und im Ätherischen und Physischen ist natürlich eine viel umfangreichere Weisheit da, als es im armen Ich gibt. Man muss durch diese Armut hindurch nach außen. Da hat man *nur Anschauung* und ist selbst eigentlich vorläufig nur der arme Pilger. Man kann nicht unmittelbar diese großartigen Wirkungen haben, die dann Luzifer und Ahriman schenken könnten – dass man jetzt schon eine voll entwickelte Geistesschau meint erlangen zu können. Rudolf Steiner hat das so ausgedrückt, dass er gesagt hat: Mit Christus kann man sein Ich erlangen, sein wahres Ich, und durch dieses hindurch dann auch Vorahnungen desjenigen haben, was in der Menschheitsentwicklung noch lange nicht da ist, als Geistselbst, Lebensgeist, Geistesmensch. Aber es gibt auch einen anderen Weg, dann geht man nicht durch die Armut des Ich und diese Entäußerung hindurch, dann öffnet man sich den Gegenmächten, und diese geben dann jetzt schon einen innerlichen Reichtum, der dann aber eigentlich böse ist. Das gilt für uns hier, für uns in Europa.

Jos: Eigentlich ist das die Geschichte von dem reichen Jüngling (Lukas 18,18ff).

Und es fragte ihn ein Oberer und sprach: Guter Meister, was muss ich tun, damit ich das ewige Leben ererbe? Jesus aber sprach zu ihm: Was nennst du mich gut? Niemand ist gut als Gott allein. Du kennst die Gebote: ‚Du sollst nicht ehebrechen; du sollst nicht töten; du sollst nicht stehlen; du sollst nicht falsch Zeugnis reden; du sollst deinen Vater und deine Mutter ehren!' Er aber sprach: Das habe ich alles gehalten von Jugend auf. Als Jesus das hörte, sprach er zu ihm: Es fehlt dir noch eines. Verkaufe alles, was du hast, und gib es den Armen, so wirst du einen Schatz im Himmel haben, und komm und folge mir nach! Als er das aber hörte, wurde er traurig; denn er war sehr reich. Als aber Jesus sah, dass er traurig geworden war, sprach er: Wie schwer kommen die Reichen in das Reich Gottes! Denn es ist leichter, dass ein Kamel durch ein Nadelöhr gehe, als dass ein Reicher in das Reich Gottes komme. Da sprachen, die das hörten: Wer kann dann selig werden? Er aber sprach: Was bei den Menschen unmöglich ist, das ist bei Gott möglich.

Man muss durch das Nadelohr gehen. Aber die Zeiten sind vorübergegangen. In der Geschichte ist eine Zeit lang von den Mönchen so gelebt worden, dass sie auf alle physischen Besitztümer verzichteten. Aber es geht für uns um den Verstandesreichtum – das ist es eigentlich, worum es jetzt geht. Und nicht darum, dass wir ihn nicht mehr schätzen, sondern dass wir ihn gerade hervorbringen und dann von außen anschauen können. Zuerst ist man auch noch darin – und man muss heraus. Also dasjenige, was da hervorgebracht wird, das ist

Arbeit, aber diese Arbeit ‚lohnt nicht', denn man ist außerhalb. Man bekommt natürlich einen ganz anderen Lohn, nicht die Freude über die eigene Intelligenz, sondern etwas ganz anderes, wenn man das von außen anschauen kann. Aber wir dürfen nicht technisch anschauen, sondern mit Ehrfurcht, Staunen, Fragen.

Ja, dann werden wir wiederum das ‚Credo' singen, und dann werde ich heute Mittag versuchen, das, was wir bis jetzt erlebt haben, hinzulenken zu einem Verständnis für den wirklichen Auferstehungsleib und für die Weise, wie jeder Mensch eine Beziehung dazu bekommen kann.

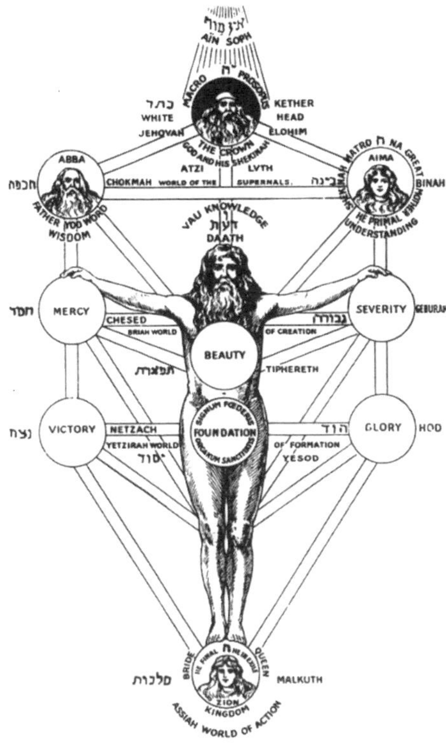

Adam Kadmon

ZWÖLFTE STUNDE

Der Römerbrief von Paulus, 8. Kapitel:

‚Es ist nun nichts Verdammliches an denen,
die in Christo Jesu sind,
die nicht nach dem Fleische wandeln,
sondern nach dem Geist.
Denn das Gesetz des Geistes,
der da lebendig machet in Christo Jesu,
hat mich frei gemacht
von dem Gesetz der Sünde und des Todes.
Ihr aber seid nicht fleischlich, sondern geistlich,
so anders Gottes Geist in euch wohnet.
Wer aber Christi Geist nicht hat,
der ist nicht sein.
So aber Christus in euch ist,
so ist der Leib zwar tot um der Sünde willen;
der Geist aber ist das Leben
um der Gerechtigkeit willen.
So nun der Geist des, der Jesum
von den Toten auferwecket hat,
in euch wohnet, so wird auch derselbige,
der Christum von den Toten auferwecket hat,
eure sterblichen Leiber lebendig machen,
um des willen, daß sein Geist in euch wohnet.'

Und dann aus dem ersten Korintherbrief von Paulus:

‚Wenn aber Christus nicht auferweckt worden ist, so ist unsere Predigt nichtig, nichtig aber auch euer Glaube. Dann würden wir aber auch erfunden als falsche Zeugen Gottes, weil wir wider Gott zeugten, dass er Christus auferweckt hätte, während er ihn doch nicht auferweckt hat, wenn wirklich keine Toten auferstehen. Denn werden keine Toten auferweckt, so ist auch Christus nicht auferweckt. Ist aber Christus nicht auferweckt, so ist euer Glaube eitel, so seid ihr noch in euren Sünden, dann sind auch verloren, die in Christus entschlafen sind. Wenn wir nur solche sind, die in diesem Leben nichts als ihre Hoffnung auf Christus haben, so sind wir die beklagenswertesten aller Menschen. Nun aber ist Christus auferweckt von den Toten, als der Erstling der Entschlafenen.'

In der Vortragsreihe ‚Von Jesus zu Christus',[9] gehalten in Karlsruhe im Herbst 1911, entwickelt Rudolf Steiner durch viele Vorträge hindurch die Idee – oder die Wirklichkeit – des Auferstehungsleibes. Und er gibt dann an, dass wir uns das so denken müssen, dass der Mensch nach dem Ebenbild der Götter geschaffen wurde mit einer Art von Ziel: dass dieser Mensch eine Eigenschaft entwickeln wird, die bis dahin noch nicht da war, das ist das gegenständliche Bewusstsein, die Fähigkeit, sich etwas gegenüberzustellen. Dass dann Luzifer, ja, man könnte sagen, dabei helfen musste und dass er den Menschen dazu verführt hat, mehr in sich selbst unterzutauchen, als es eigentlich gedacht war.

Man kann sich vorstellen, dass der Mensch auch außerhalb von sich selbst eine Anschauung von sich selbst hätte haben können und dass in diesem Selbst sich dann die ganze kosmische Weisheit zeigen würde. Aber die Freiheit braucht eine bestimmte Lage – dass der Mensch Gott nicht mehr sieht, nicht mehr von Angesicht zu Angesicht schaut, blind wird dafür, auch nicht mehr weiß, dass er eigentlich als Mensch im Kreis der sieben großen Geister ist; dass er das alles nicht mehr weiß, nicht mehr sieht, dass er gegenüber von sich eine Welt fühlt und sieht, die immer mehr und mehr von Gott verlassen ist, und dass er in dieser gottverlassenen Welt dann nur noch sich selbst als Richtschnur, als Führer hat. Die Einsicht, die Einsichtsmöglichkeit ist nur noch da, um in Freiheit, weil er auf sich gestellt ist, den Weg zu Gott wiederum zurückzufinden.

Und man muss sich vorstellen, dass Luzifer das Ich, das auf Erden entwickelt werden muss, diese Ich-Anlage, zu tief mit dem Astralischen verbunden hat und dass dadurch eine stärkere Verfestigung des Irdischen entstanden ist. Also man könnte sich vorstellen, dass auch eine irdische Feste denkbar wäre, die nicht materiell ist.

---

[9] Rudolf Steiner, Von Jesus zu Christus, GA 131.

Rudolf Steiner spricht hier von einem durchsichtigen, lebendigen Kristall. Und das ist etwas, was wichtig ist, sich wenigstens vorzustellen – dass ‚irdisch, physisch, fest' nicht dasselbe ist wie ‚materiell'. Was für uns das Feste ist, das ist hart, daran kann man sich stoßen, da kann man nicht hindurch. Aber es gibt natürlich auch die *Idee* des Physischen, die Idee des Festen, die Idee des Irdischen. Luzifers Einfluss bewirkt dieses Entstehen der Materie, aber die andere Gegenmacht, Ahriman, sorgt dafür, dass wir uns nicht einmal mehr vorstellen können, dass es einen physischen Leib geben könnte, der zwar physisch ist, auch fest ist, auch irdisch ist, aber *nicht materiell*. Insoweit wir uns das nicht vorstellen können, können wir Ahriman in uns erkennen.

Das ist die Schwierigkeit, die wir haben – das Irdische nicht materiell vorzustellen und dann trotzdem das Irdische zu haben, nicht schon in ein Ätherisches hinüberzuschweben, sondern wirklich das Feste, Physische, Irdische zu haben, mit aller Gestaltung, aller Form, aller sichtbaren Anwesenheit, aber nicht materiell.

Teilnehmerin: Ist das die Idee?

Ja. Aber dann eine wirkliche Idee, etwas, das existiert, so dass die Idee des Festen auch eine Wirklichkeit ist, auch fest ist, wenn auch nicht materiell. Den Stoff kann man sich auch noch in das Materielle hinein denken. Es gibt auch eine Idee der Materie. Dann müsste man sich das auskristallisiert, vereinzelt, aber nicht in physischer Kristallform denken können. Es ist – als Beispiel – nicht die allgemeine Idee des Kreises, sondern es sind dann wirkliche Kreise, die Wirklichkeit geworden sind, irdische Wirklichkeit, aber nicht materiell. Es ist Ahriman, dass wir das so schwierig finden. Er hält uns in dem *materiell* Festen.

Teilnehmer: Aber das materiell Feste sozusagen ist die dann reine Illusion?

Ja, ich denke, dass wir sagen können, dass die Idee der Materie die Idee der Illusion ist, die fallen zusammen. Wenn man die Idee der Materie erfasst, erfasst man zugleich die Idee der Illusion.

Die Idee des Festen ist etwas Anderes. Das Feste ist materialisiert worden, wodurch die äußere Form sichtbar wird. Das unsichtbare Feste ist die unsichtbare Physis, die unsichtbare Form. Man könnte sich einen Menschen vorstellen, bei dem alle materiell festen ‚Teilchen' herausfallen. Er ist dann nicht mehr sichtbar, aber die Physis ist doch noch da. Es ist der *Formleib*, und der Ätherleib macht ihn lebendig.

Wenn wir also solche Ideen bilden, wie wir es heute Morgen gemacht haben, mit dem Kreis, dann können wir innerlich in der Anschauung der Tätigkeit finden, dass wir bildhaft tätig sind, dass das Formtätigkeit ist und dass dasjenige, was wir dann als eine Idee hervorbringen, in diesem Fall mit dem Kreis, auch wirklich *Form* ist. Und wir müssen uns daran gewöhnen, dass wir als Menschen also nicht nur einen Ätherleib haben, der das Lebendige ist, und einen physischen Leib, der das Feste ist, sondern dass *dazwischen* eine Art lebendiger Architekt lebt, der die Formzeichnung macht, aber als *lebendige Form*.

Rudolf Steiner beschreibt, dass dadurch, dass der luziferische Einfluss eingetreten und das Feste wirklich materiell geworden ist, dieser Formleib von der materiellen Seite des physischen Leibes angezogen worden ist. Wenn man sich das vorzustellen versucht, muss man seinen eigenen physischen Leib anschauen und dann bedenken, wie dieses Fleisch, die Knochen usw. substanziell, materiell sind, aber zugleich auch wunderbar geformt. Und wenn man nun bedenkt, dass diese schöne Form eigentlich der physische Leib ist und dass das Unwesentliche das Harte, Materielle ist, muss man sich vorstellen, dass durch den Eingriff Luzifers dieses schöne Formgebilde gleichsam mit der Materie verwachsen ist. Und wenn dann der Mensch stirbt und der Leib auseinanderfällt, löst sich auch dieser Formleib teilweise mit auf. Also ist der physische Leib wirklich sterblich.

Teilnehmerin: Und auch die Idee des physischen Leibes?

Ja. Natürlich nicht im Großen, Allgemeinen, als Kraftwesenheit, aber für *diesen* physischen Leib jetzt ja.

Und dann beschreibt Steiner, wie dieser Formleib seinem Wesen nach ursprünglich mit dem Ätherleib zusammengehört. Er sollte nicht zusammen mit dem physischen Leib zerfallen, durch die Verwobenheit. Eigentlich ist er zu tief in das Materielle hinuntergedrückt worden. Die physische Form, Formleiblichkeit, die fester ist als das Wässrige, also wirklich fest geworden ist, aber trotzdem nicht materiell, dieser Formleib hätte sich dem Ätherischen zuzuwenden. Wenn der Mensch dann sterben würde, dann würde mit dem Loslassen des Ätherischen, dem Auseinandergehen von Ätherischem und Physischem, das Materielle einfach auseinanderfallen, und der Formleib könnte mit dem Ätherleib vereinigt auferstehen. Dann würde nach dem Tod der physische Leib weiterexistieren, aber in Geistform, in seiner eigentlichen, nicht luziferisch-ahrimanischen Form, zwar als festes Formgebilde, aber ohne materiellen Inhalt.

Teilnehmerin: Das ist der Auferstehungsleib von Christus, wo Thomas sogar seine Hände in die Wunden legen konnte. Da muss ja ein Widerstand gewesen sein.

Das ist das, was Paulus von Christus sagt: der Erste, der Erstling, der auferstanden ist. Und das hat dann damit zu tun, dass Christus – und ich kann das alles jetzt natürlich nicht bis in die Details ausführen, aber das Wesentliche ist –: dass er dadurch, dass er der Sohn Gottes ist und sich bei der Taufe im Jordan mit der Jesus-Wesenheit verbindet, das wenige Luziferisch-Ahrimanische, das sich in diesem Leib noch befindet, umgestaltet. Obwohl der Leib durch, man könnte sagen, Adam Kadmon und Zarathustra bewohnt wurde – und wie gesagt, hat auch Buddha daran mitgearbeitet –, ist er doch ein Leib, der materiell geworden ist, durch die Ursünde, die mit dem ersten Adam zusammenhängt, mit Adam nach der Erbsünde, der dann nicht mehr Adam Kadmon ist. Zarathustra verlässt diesen Leib, und Christus tritt ein, und in den drei Jahren, in denen Er in diesem Leib wohnt, wird die Anziehungskraft, die das Materielle auf den Formleib hat, erlöst, könnte man sagen, geheilt, verwandelt. Es tritt eine völlige Heilung der Erbsünde ein. Und als Christus dann stirbt, geschieht es, dass dieser Formleib mit dem Materiellen nichts mehr zu tun hat, er hat keine Verwandtschaft mehr, das Materielle fällt einfach ab, es verstaubt, und der Geistleib steht auf.

Teilnehmerin: Darum fanden sie auch nichts mehr, als sie zurückkamen.

Jos: Aber als Er dann einige Tage nach der Auferstehung in den Raum kommt, wo die Apostel sich versammelt haben, und dann später Thomas, der nicht dabei war zweifelt, erscheint Er noch einmal und sagt: Komm her und lege deine Hand in meine Seite und fühle die Wunde in meinen Händen. Er isst dann auch einen Fisch vor den Augen der Apostel, Er scheint ihn wirklich zu verzehren, dieser Auferstehungsleib hat also die Möglichkeit, sich dem Materiellen wieder etwas zuzuwenden.

Und das ist der letzte Satz in diesem Spruch: ‚Er hat das Geheimnis der Erweckung vom Tode und von der Unsterblichkeit im Besitz.'

Teilnehmer: Bietet dieser Leib dann Widerstand oder nicht – oder nur ein bisschen?

Wenn derjenige, der darin wohnt, das will, muss man den Leib sehen können. Er kann überall hindurchgehen, dann ist keinerlei Widerstand da, oder er kann wollen, dass ein Widerstand gefühlt wird.

Teilnehmer: Das Bild in dieser Erbsünde ist ja, dass der Formleib zu stark in den physischen Leib hineingegangen ist. Und das hat Christus erlöst, und dadurch auch die Ursünde. Und die Erbsünde war, dass Adam Kadmon zu stark diesen luziferischen Einfluss aufgenommen hat?

Das war nicht Adam Kadmon, Adam Kadmon ist rein geblieben, sondern es war der ‚erste Adam'. Und so wird dann auch gesagt, wir haben als leiblichen Vater Adam, das ist der erste Adam. Der Vater unserer Möglichkeit, den Auferstehungsleib anzuziehen, ist Christus, das ist der zweite Adam. In den Vorträgen über das Lukas-Evangelium hat Rudolf Steiner diese Zusammenhänge ausführlich dargestellt. Der erste Mensch, der die Menschheit war, ist durch die Erbsünde hindurchgegangen, aber ein Teil seiner Seele wurde davor bewahrt, und dieser Teil wird in dem Kind, von dem im Lukas-Evangelium gesprochen wird, auf Erden geboren. Der Jesusleib steht also in der Linie des ersten Adam, der durch die Erbsünde hindurchgegangen ist, die Seele aber ist die nicht von der Erbsünde berührte, aufbewahrte reine Adamseele.

Teilnehmer erneut: Hätte Adam das verhindern können, also, hätte er die Möglichkeit gehabt, gegenüber Luzifer nicht zu erliegen, oder hatte er keine Chance, also in dem Sinne keine Wahlmöglichkeit?

Nein. Wir müssen uns da natürlich aus unserer eigenen Beschaffenheit lösen und versuchen, uns zurückzuversetzen in einen Menschheitszustand, wo die Freiheit nicht da war. Also nein, er hatte nicht die Möglichkeit.

Teilnehmer erneut: Und warum dann ‚sündig'?

Weil es den Charakter der Sünde hat. Es ist nicht so, dass Adam persönlich sündhaft ist. Aber – ja, wie soll ich das sagen? – wenn man den Begriff der Sünde fassen will, dann ist Sünde *gerade das*. Es ist umgekehrt zu erfassen.

Teilnehmer erneut: Also ist es anders, als in der Kirche mit dem Wort ‚schuldig' angedeutet wird. Dieses Wort hat eine differenziertere Bedeutung.

Ja, und das ist im Laufe der Zeit zu etwas geworden, was wir nur noch als unsere eigenen Fehler kennen, die wir machen, das ist für uns dann Sünde. Wenn man das zurückverlegt, hat Adam einen Fehler gemacht, wie wir das tun – und das ist die Sünde, die Ursünde. Aber so darf man es nicht sehen.

Teilnehmerin: Die Tragik ist aber, dass auch wir sündigen, ohne dass wir schon die volle Verantwortung dafür übernehmen können. Menschen können ja auch jetzt die Tragik, Verschuldung, erleben, ohne dass sie das bewusst erfassen…

Das ist natürlich meistens so, und das sind die Sünden, die vergeben werden können. Eine Sünde, die nicht vergeben werden kann, ist die Sünde gegen den Heiligen Geist. Der Unterschied hängt gerade mit dem *Wissen* zusammen. Eine wirkliche Sünde begeht man erst, wenn man genau weiß, was man tut. Das ist natürlich eine tiefgehende Einsicht, die man dann hat und nach der man dann doch nicht handelt. Es ist natürlich nicht so, dass man einfach meint, denkt: ‚O ja, jetzt verstehe ich, wie es sich eigentlich gehört, aber ich tue es trotzdem nicht.' Die Sünde gegen den Heiligen Geist geht sehr weit.

Teilnehmer: Ich wäre ganz froh, wenn Du das einmal zu Gerrit[10] *in Beziehung bringen würdest. Hat er in dieser Weise sein ganzes Leben gelebt, hat er die Sünden begangen, die nicht vergeben werden können?*

Schon bewusst, aber nicht mit der Klarheit der Einsicht vom Heiligen Geist. Es ist der Anfang der schwarzen Magie, aber nicht so weit getrieben.

Teilnehmerin: Man sagt doch, je höher man sich entwickelt, desto höher ist auch die Prüfung, also, desto mehr kann man auch angegriffen werden. Das heißt doch, ich habe dann auch mehr Einsicht, wer mich angreift, oder? Und wer dann wirklich fällt, wer sich dann trotz einer höheren Entwicklung verführen lässt, dem wird auch nicht vergeben.

Mit dem Erkennen dieser Dinge ist es doch auch moralisch schwieriger, weil man in der höheren Entwicklung auch von bestimmten Erkenntnissen absehen muss, nämlich von allem, was mit Egoismus zu tun hat. Man kann zum Beispiel auch keine Aura anschauen, wenn das nicht gefragt wird. Das wäre natürlich auch ganz unheimlich, im Umgang unter Menschen. Das ist so etwas wie ein Brief, der einen nichts angeht, den soll man auch nicht öffnen. Wenn dann derjenige, von dem der Brief ist, kommt und sagt: öffne mir bitte den Brief und lies ihn – ja, dann kann ich es tun.

Es gibt Beispiele aus dem Leben Rudolf Steiners, wo er so weit gehen musste, dass sogar dann, wenn er wusste, dass er angegriffen werden würde, dennoch gehen musste. Man kann dann auch nicht sagen:

---

[10] Hauptperson in dem Roman ‚Inferno'.

dann gehe ich nicht. Es gibt in der modernen, neuen Einweihung, die auf Freiheit beruht, hohe moralische Ansprüche, die erfüllt werden müssen.

Teilnehmer: Wenn wir so über den Auferstehungsleib sprechen, dann ist das Studium, ein Wissen. Gibt es da einen konkreten Ansatz, an dem Punkt, wo ich stehe?

Ja, wir sind also in unserer Neun- oder Zwölfheit korrumpiert, indem Luzifer eingegriffen hat und Ahriman mit ihm zusammenarbeitet, der Eine mehr nach innen, der Andere mehr nach außen. Das gibt eine Korrumpiertheit, die bis in den physischen Leib hineinwirkt, wodurch der Formleib mit dem Materiellen verwächst und nicht bei dem Ätherischen bleibt. Das hat damit zu tun, dass das Ich ursprünglich in eine Lage gekommen ist, in der es eigentlich nicht sein sollte. Und wenn dieses Ich es zustande bringen könnte, die richtige Lage zu finden – das würde bedeuten, dass es sich außerhalb dieser Zwölfheit stellt –, dann zieht es sich also aus sich heraus, und es kann allmählich eine Heilung dieser Korrumpiertheit entstehen.

Man kann sich vorstellen, dass das nicht auf einmal geschieht, denn es ist eine Verwachsenheit, die an mehreren Stellen nun einmal da ist. Und deshalb müssen wir uns das so vorstellen, dass, wenn wir Übungen machen, wenn wir in Reinheit Ideen bilden, dies noch lange nicht diese ganze Zwölfheit ist. Es ist nur ein ganz kleiner Teil, aber das Wesentliche, nämlich da, wo die Verstandes- und Bewusstseinsseele sitzen, da liegt gerade das Problem. Wenn wir da üben, also die Hervorbringung der Idee als Form jedes Mal aufs Neue anschauen, dann sind wir außerhalb, dann ziehen wir uns selbst aus dieser Verwachsenheit heraus, und dann kann allmählich die richtige Verbundenheit entwickelt werden.

Wir haben den Keim des Auferstehungsleibes in einem Prozess. Das ist ein Prozess. Das ist, dass ich reine Ideen bilde und dass ich meine Tätigkeit von außen gewissermaßen anschaue. Dadurch ziehe ich mich aus der Sündenfolge heraus, und es kann das, was da eigentlich teils auch ohne mein Zutun als Krankheit, als Seelenkrankheit entstanden ist und was dann letztendlich auch wirklich physische Krankheit wird, geheilt werden. Da liegt wirklich der Ansatz, und da liegt dann auch der Ursprung des Titels dieses Seminars: ‚Das reine Denken und der Auferstehungsleib.' Wir dürfen uns nicht vorstellen, dass wir einfach warten können, bis dieser Leib uns gegeben wird. Es ist ein Prozess.

Gut. Dann gehen wir nach der Pause noch weiter.

DREIZEHNTE STUNDE

Ja, wenn wir dann noch einmal den Spruch anschauen…

A
In dir lebt das Menschenwesen
Das Gott von Angesicht zu Angesicht schaut,
Das ewig ist und das im Kreis der sieben großen Geister ist. A

Es ist über allem, was in dir zornig oder furchtsam ist. B

E

Es herrschet mit den Kräften der obern Welt
Und ihm dienen die Kräfte der untern Welt. G

I

Es verfügt über sein eigenes Leben und seine eigene Gesundheit und kann das auch bei andern. D

O

Es kann durch nichts überrascht; von keinem Missgeschick befallen werden; es kann nicht in Verwirrung gebracht und nicht überwunden werden. H

U

Es kennt die Wesenheit des Vergangenen, Gegenwärtigen und Zukünftigen. V

Es hat das Geheimnis der Erweckung vom Tode und von der Unsterblichkeit im Besitz. Z

Dann möchte ich noch einmal daran erinnern, dass dieser Spruch von Rudolf Steiner bei Eliphas Levi gefunden wurde und dass dieser den Spruch aus der alten Literatur der hebräischen Esoterik hat. Er ist ungefähr so, wie er ursprünglich gegeben worden ist. Rudolf Steiner hat ihn etwas erweitert, aber nicht viel. Aber das Wichtigste ist, dass Steiner die Vokale hinzugefügt hat. Die Konsonanten waren schon da, und auch das A.

Also es fängt mit A an, aber dann kommt B, G (Gamma), dann D, H, V, Z. Das ist also – aber in hebräischen Lauten – in dem ursprünglichen Spruch darin. Das Interessante ist natürlich doch, dass Rudolf Steiner diese Vokale hinzufügt. Und ich muss sagen, dass ich den Eindruck bekommen habe, dass da wirklich ursprünglich bei Levi mehr der männliche Mensch stand und dass jetzt der zweigeschlechtliche Mensch dasteht. Die Konsonanten, das sind Laute, die mit dem physischen Leib und mit dem Tierkreis zu tun haben, und die Vokale, das sind die bewegenden Planeten, das ist mehr die Seele, das ist das Astralische, das ist mehr das weibliche Element, die *Sophia*, während das Andere, könnte man sagen, *Anthropos* ist.

Wenn wir dann diese siebenfache Gliederung verfolgen, gibt es in der Mitte: ‚Es verfügt über sein eigenes Leben und seine eigene Gesundheit und kann das auch bei andern.' Von da aus kann man dann wieder nach unten und nach oben gehen. Ich erlebe es so, dass in dieser Mitte das Ich in der Wärme lebt und dass es nach unten in das Astralische übergeht, mit H, das ist auch eigentlich die Luft, die da als Rauch erlebt wird, dann in Richtung des Ätherleibes, der der Zeitleib ist, und dann bis Z wirklich zum Auferstehungsleib. Nach oben dann Manas, Buddhi und Atman. Das kann man dann auch in den Gebärden spüren.

Es gibt vieles, was wir als dasjenige erkennen können, was wir gerade *nicht* haben. Daran kann man sehen, dass der gewöhnliche, alltägliche Mensch krank ist und sich in Dekadenz befindet.
Aber es gibt eine Eintwicklung aus diese Dekadenz heraus.

‚Der Mensch ist etwas Gewaltiges in der Welt, weil sieben Tätigkeiten zu einer Gruppe zusammenfließen mußten, um ihn zustande zu bringen.

Ein Ziel für Götter ist die Menschenform auf der Erde. – Fühlen Sie das ganze Gewicht dieser Worte: Ein Ziel für Götter ist die Menschenform auf der Erde! Denn wenn Sie das ganze Gewicht dieses Wortes fühlen, dann werden Sie sich sagen: Diese Menschenform ist etwas, demgegenüber die einzelne Seele eine ungeheure Verantwortung hat, eine Verpflichtung, es so vollkommen als möglich zu machen. – Die Möglichkeit der Vervollkommnung war in dem Momente gegeben, als die Elohim den gemeinsamen Entschluß faßten, alles, was sie konnten, in ein Ziel zusammenströmen zu lassen. Das, was ein Erbe von Göttern ist, das ist dem Menschen übertragen worden, daß er es immer höher und höher ausbilde in ferne Zukunftszeiten hinein. Dieses Ziel zu fühlen in Geduld und Demut, aber auch in Kraft, das muß eines der Resultate sein, die aus der kosmischen Betrachtung fließen, die wir anknüpfen können an die monumentalen Worte am Anfang der Bibel. Unseren Ursprung enthüllen uns diese Worte, unser Ziel, unser höchstes Ideal weisen sie uns zugleich. Wir fühlen, daß wir göttlichen Ursprungs sind, wir fühlen aber auch das, was anzudeuten versucht worden ist im Rosenkreuzerdrama, da wo der Eingeweihte eine gewisse Stufe überschritten hat, wo er sich sozusagen in dem *Mensch erlebe dich* fühlt. Wohl fühlt er da seine menschliche Schwachheit, aber vor sich sein göttliches Ziel. Er vergeht nicht mehr, er verdorrt nicht mehr innerlich, sondern gehoben, innerlich erlebt fühlt er sich, indem er sich erlebt, wenn er sich erleben kann in dem andern Selbst, das ihm durchströmt ist von etwas, was seiner Seele verwandt ist, weil es sein eigenes Gottesziel ist.' [11]

‚In dir lebt das Menschenwesen'. – Wenn wir diesen Spruch meditieren, vielleicht auch laut sprechen und die eurythmischen Gebärden dazu machen – aber auch innerlich meditativ erfassen –, dann erfüllen wir uns mit diesem ‚O Mensch, erlebe dich!'. Und das ist ein weitergeführtes ‚O Mensch, erkenne dich!'

Teilnehmer: Das Gnothi seauton, also ‚Erkenne dich selbst', war in einer anderen Epoche entscheidend. Und dann ist jetzt der nächste Schritt, die Möglichkeit, die Freiheit, der Auftrag, nicht nur sich zu erkennen, sondern auch wirklich sich zu erleben. Dieses aktive Prinzip, das ist das Wichtige.

---

[11] Rudolf Steiner, Die Geheimnisse der biblischen Schöpfungsgeschichte, GA 122.

Es geht darum, dass es nicht bei einer Anschauung der Tätigkeit bleibt, sondern dass es sich auch zu einem Erleben vertieft. Und das haben wir dadurch vorbereitet, dass wir uns in eine *Stimmung* (Ehrfurcht, Frage und Verwunderung) bringen. Das ist schon Erleben, aber noch offen. Das sind Stimmungen, die man in sich ohne Gegenstand aufruft. Und dann wird dieses Hervorbringen der Idee die Tätigkeit, und diese kann man dann mit diesen Stimmungen anschauen. Dann wird die *Erkenntnisseite* auch Erleben, dann erlebt man auch sich in der hervorbringenden Tätigkeit.

Also es geht immer darum, dass alles wiederum noch weiter vertieft wird. Es wird natürlich immer doch schon gemacht, ich meine, es sind nicht Schritte, die man nie macht. Wenn ich ein Buch lese und die Gedanken gelesen habe, erlebe ich sie meistens auch, aber ich schaue nicht die Tätigkeit an, das wird ja ganz unterlassen. Dann ist das Erleben eine viel subjektivere Sache. Das Erleben wird in die Auferstehung gebracht, indem dasjenige, was sich in der Anschauung des Denkens zeigt, erlebt wird.

Wir können uns dann klarmachen, dass dieses *Menschenwesen* erst in dem Ich gefunden wird, das die hervorbringende Tätigkeit anschaut, also nicht im gewöhnlichen Denken, Fühlen und Wollen. Erst wenn man nach außen geht und dann von *da* aus anschauen und dann erleben kann – dann ist man noch ganz ohnmächtig und arm und armselig ... aber doch schon zu diesem Menschenwesen gekommen. Von dem gewöhnlichen Denken, Fühlen und Wollen aus kann man Gott nie von Angesicht zu Angesicht schauen. Aber wenn man sich aus sich selbst loslöst, findet man diejenige Lage wieder, wo der Mensch so ist, dass er Gott von Angesicht zu Angesicht schaut.

Und man hat dann auch die Sicherheit, dass es möglich ist, außerhalb des vergänglichen Leibes zu existieren, bewusst, in vollem, menschlichem Bewusstsein da zu sein, nicht in dem Denken, Fühlen und Wollen, die mit dem Leib, dem vergänglichem Leib verbunden sind. Das ist es, was Paulus meint mit ‚Fleisch und Knochen': Wir sind im Fleisch, oder wir sind im Geist, und im Fleisch sind wir vergänglich, aber im Geiste nicht, und da ist auch nichts Verdammliches mehr, ist die Sünde nicht mehr wirksam. Da ist man also über allem, was zornig oder furchtsam ist.

Und wir leben in der Nähe der höheren Hierarchien, aber auch der Elementarwesen und der bösen Kräfte. Man kann dann ahnen, dass der Mensch in ferner Zukunft auch mit seinem vollen Bewusstsein in der Lage sein wird, mit den Kräften der oberen Welt zu herrschen, und dass die Kräfte der unteren Welt ihm dienen werden. Dass er von außerhalb des vergänglichen Leibes das eigene Leben und die Gesundheit führen kann und dass das dann auch Heilkraft wird.

Aber jetzt, wenn wir für Augenblicke diese Befreiung, diese beseligende Befreiung in dem anschauenden, erlebenden Ich außerhalb des gewöhnlichen Denkens, Fühlens und Wollens für kurze Augenblicke haben, haben wir natürlich doch schon einen Vorgeschmack davon. Einen Vorgeschmack auch davon, dass das Karma eine ganz andere Wirkung hat, weil man *nicht überrascht, von keinem Missgeschick befallen, nicht in Verwirrung gebracht und nicht überwunden werden kann.* Denn das Karmische spielt sich alles in dem gewöhnlichen Denken, Fühlen und Wollen und in dem vergänglichen Leib ab.

Jos: Das heißt dann eigentlich, dass es eine Möglichkeit gibt, zusammenzuarbeiten, ohne dass das Karma – das wir natürlich doch alle haben – einen Einfluss, einen schädigenden, einen hemmenden Einfluss hat.

Man kann dann von außen viel mehr anschauen und eine Gelassenheit walten lassen. Man schaut sich an, wie man das Missgeschick von anderen anschaut. Da kann man mitleiden, aber es ist doch etwas ganz anderes, als wenn man selbst drin steckt.

Und dann wird auch die wahre Wesenheit der Zeit erfasst, und das hat mit der Einweihung zu tun. Denn solange man die Zeit nur als von der Vergangenheit kommend und durch die Gegenwart in die Zukunft gehend kennt, kann man nicht in die geistige Welt schauen. Das kann man erst, wenn man auch den aus der Zukunft kommenden realen Zeitstrom kennt. Alpha und Omega. Das ist dann der Zeitstrom des Willens, der aus der Zukunft auf uns zukommt.

Die Freiheit fängt gerade da an, wo das reine Denken auch wirklich tätig ist, auch in der Lebenssituation. Also nicht nur in der Meditation, sondern auch da, wo das Leben wirklich geführt wird. Dann muss man also die wirkliche Idee, die diese Situation in sich trägt, erfassen und dann diese Idee in die Handlung gestalten. Was ist nun der Unterschied zu dem Handeln aus dem herkömmlichen Denken?

Wenn ich wirklich denke, wenn ich nicht nur so ein bisschen über eine Lage nachdenke, sondern wenn ich versuche, wirklich zu erfassen, was das ist, was passiert, dann ist es dennoch eine Art von herkömmlichem Denken, das machen wir doch im gewöhnlichen Leben auch. Der Unterschied liegt darin, dass wir viel deutlicher und bewusster diese Idee, diesen Gedanken erfassen. Es ist nicht so, dass das reine Denken etwas Lebensfremdes ist, es kommt aus dem gewöhnlichen Leben, da tritt es in Erscheinung. Also der Unterschied ist nur, dass man im gewöhnlichen Leben daran vorbeilebt und dass wir versuchen, diese Hervorbringung der Gedanken auch wirklich gewahr zu werden, wodurch sie eine andere Qualität bekommen, aber an sich sind es keine anderen Gedanken.

Es ist eigentlich eine zweite Chance – das ist es eigentlich. Man hat das gewöhnliche Grübeln oder Nachdenken oder auch wissenschaftliche Denken und dann schaut man *dies noch einmal an.*

Die ersten ‚Was-Gedanken', das inhaltliche Denken, ist dann doch schon ein reines Denken, das haben wir alle hier jetzt vier Tage hindurch ab und zu oder auch längere Zeiten gehabt, das kann nicht anders sein. Wenn ihr das erfassen wollt, ‚was ist reines Denken?', ja, dann braucht man sich nur zu erinnern, wie man hier gesessen hat und versucht hat, die Gedanken mitzudenken und zu erfassen und so weiter, das ist reines Denken. Und das tut man im gewöhnlichen Leben eigentlich auch fortwährend, also das ist gar nicht etwas Fremdes. Das Fremde steckt darin, dass man nicht unterscheidet, zwischen dem astralischen Denken, das urteilt und auf Gefühlen und Wahrnehmungen basiert, und diesem etwas höheren Denken, das auch immer mit darinnen ist.

Teilnehmerin: Und was ist dann das Denkende und was ist das Gedachte, und wie sind sie zusammen?

Der Denkende ist der Wille, und das Gedachte ist der Gedanke. Sie sind zusammen, wenn der Gedanke als Inhalt den Denker hat, das heißt, wenn der Denker sich selbst in seiner Tätigkeit denkt. Wenn ich versuche, diese Tätigkeit anzuschauen – dann erst bin ich wirklich als Denker und Gedanke vereinigt. Und dann ist das Denken nicht nur ein reines Denken, sondern ein lebendiges Denken geworden. Ein lebendiges reines Denken ist es, wenn man es in seiner Tätigkeit anschauen kann, weil die Tätigkeit lebendig ist – die Gedanken nicht, aber die Tätigkeit ist lebendig. Das ist natürlich keine gewöhnliche Lebenstätigkeit. Aber die reinen Gedanken selbst bringt man fortwährend hervor. Was nicht gewöhnlich ist, ist, dass man *dieses Hervorbringen anschaut*, das kommt hinzu. Rein denken, das hat jeder Mensch, nur unterscheidet er nicht. Denn es gibt natürlich verschiedene Ansätze, wo man sein wirkliches reines Denken gewahr werden kann, wie es fortwährend da ist, auch wenn man es nicht weiß.

Teilnehmerin: Für mich ist das neu, dass wir alle das reine Denken haben.

In den ‚Leitsätzen' hat Rudolf Steiner beschrieben, wie seit Beginn des Bewusstseinsseelen-Zeitalters die Naturwissenschaft aufgekommen ist und wie da eine Art Postulat gegeben ist, dass nur die Wahrnehmung gilt. Dasjenige, was Erfahrung ist, ist das Maßgebende, und das Denken hat eigentlich gar keine Bedeutung mehr, immer weniger, es muss nur folgen. Aber Rudolf Steiner sagt dann, gerade diese Selbstlosigkeit, die damit doch auch eintritt, weil man eigentlich gar nicht mehr selbst urteilen darf und alles Bedeutungsvolle sich da draußen befindet – gerade das hat dazu geführt, dass wir heute ein reines Denken haben können, dass es also in uns Gedankenmöglichkeiten gibt, die rein gedankenmäßig sind und nicht mit Gefühlen und Urteilen und Wahrnehmung und allem, was nicht rein Gedankliches ist, durchsetzt sind. Dadurch ist jetzt auch eine *Geisteswissenschaft* möglich. Das ist gerade das Umgekehrte dieser Naturwissenschaft, wo es nur Wahrnehmung geben darf. In der Geisteswissenschaft ist alles *pur Gedanke, der wahrgenommen wird.*

Es ist Zeit, abzuschließen, wobei natürlich immer noch vieles offen bleibt, aber das muss auch so sein...